German AS/A2

Zeitgeist

Grammar Workbook

Marian Jones
Maria Hunt

OXFORD
UNIVERSITY PRESS

OXFORD
UNIVERSITY PRESS

Great Clarendon Street, Oxford OX2 6DP

Oxford University Press is a department of the University of Oxford.
It furthers the University's objective of excellence in research, scholarship,
and education by publishing worldwide in

Oxford   New York

Auckland   Cape Town   Dar es Salaam   Hong Kong   Karachi
Kuala Lumpur   Madrid   Melbourne   Mexico City   Nairobi
New Delhi   Shanghai   Taipei   Toronto

With offices in

Argentina   Austria   Brazil   Chile   Czech Republic   France   Greece
Guatemala   Hungary   Italy   Japan   South Korea   Poland   Portugal
Singapore   Switzerland   Thailand   Turkey   Ukraine   Vietnam

Oxford is a registered trade mark of Oxford University Press
in the UK and in certain other countries

British Library Cataloguing in Publication Data

Data available

ISBN 0 19 9123055

7 9 10 8 6

Designed by Blenheim Colour Ltd., Eynsham, Oxford

Printed in Spain by Unigraf

Acknowledgements

The authors and publishers would like to thank the following people
for their help and advice:
Morag McCrorie, Dagmar Sauer
Katie Lewis (Editor of the Zeitgeist Grammar Workbook)
Pia Hoffmann (language consultant)

Contents

Nouns and articles

Gender

Z1 Orientierung page 9
Z1 Grammar 1.1, page 151

A Look at the list of noun endings typical for each gender (1.1.2). Add one example for each ending.

Typical masculine endings

1 **-ig**   der Honig, der _____
2 **-er**   der Computer, der _____
3 **-ismus** der Rassismus, der _____
4 **-ant**   der Passant, der _____
5 **-ist**   der Polizist, der _____

Typical feminine endings

1 **-e**   die Karte, die _____
2 **-heit/keit** die Arbeitslosigkeit, die _____
3 **-schaft**   die Freundschaft, die _____
4 **-ung**   die Meinung, die _____
5 **-ion**   die Lektion, die _____
6 **-ik**   die Panik, die _____

Typical neuter endings

1 **-chen** das Mädchen, das _____
2 **-lein** das Büchlein, das _____
3 **-um**   das Datum, das _____
4 **-ium**   das Stipendium, das _____
5 Collective nouns beginning with **Ge-**
   das Gemüse, das Ge_____

B Give the gender of the following words without looking them up in a dictionary.

1 _____ Gebäck
2 _____ Kapitalismus
3 _____ Logik
4 _____ Kleinigkeit
5 _____ Minderheit
6 _____ Heizung
7 _____ Optimist
8 _____ Sprecher
9 _____ Integration
10 _____ Nachbarschaft
11 _____ Wissenschaft
12 _____ Hässlichkeit
13 _____ Forschung
14 _____ Sorge
15 _____ Bildung
16 _____ Inspektion

C Use a word from exercise A or B to fill each gap.

1 Nach dem Unfall brach eine allgemeine _____ aus.
2 Hast du großen Hunger oder willst du nur eine _____ essen?
3 Warum bist du gegen die europäische _____?
4 Die _____ sollst du unbedingt mitbringen. Sonst finden wir den Weg nicht.
5 Mein Sohn hofft ein _____ für sein Studium zu bekommen.
6 Dort kann man Brot und allerlei _____ kaufen.
7 Mach dir keine _____! Das wird schon wieder.
8 Ich muss die _____ für mein Auto buchen.
9 Ich friere. Die _____ funktioniert nicht.
10 Suchen Sie lieber eine neue Stelle in der Großstadt. Dort gibt es weniger _____

Reminder

More typical endings:

masculine	-ich -ing -or -us -ast
feminine	-age -anz -ei -enz -ette -tät -ur
neuter	-at -ett -icht -ma -sal -tal -tel -tum

D In each group of four words, underline the one which has a different gender from the other three.

1 Zensus   Skelett   Palast   Humor
2 Kursus   Realität   Toleranz   Diskette
3 Chor   Referat   Teppich   Frühling
4 Quadrat   Lazarett   Etage   Licht
5 Ring   Dogma   Häftling   Motor
6 Existenz   Brutalität   Tendenz   Thema
7 Brett   Metzgerei   Bilanz   Figur
8 Gesicht   Schema   Schießerei   Gedicht
9 Allianz   Aktivität   Garage   Tal
10 Diktat   Schicksal   Mentalität   Eigentum

E Fill in the words being defined. They are all from exercise D.

1 der _____: jemand, der in einem Gefängnis sitzt.

2 das _____: ein Rechteck mit vier gleich langen Seiten.

3 die _____: die äußere Erscheinung oder Gestalt eines Menschen.

4 der _____: der Wohnsitz eines Königs.

5 das _____: alle Knochen des Körpers.

6 das _____: die Ereignisse, die das Leben einer Person bestimmen.

7 der _____: die Maschine, die ein Gerät in Bewegung setzt.

8 die _____: das Resultat oder das Ergebnis einer Rechnung.

9 das _____: das, was jemandem gehört.

10 der _____: die Jahreszeit der drei Monate, die auf den Winter folgen.

Plurals

Z1 Orientierung page 9
Z1 Grammar 1.3, page 152

Reminder

Many typical word endings show a pattern in forming the plural.

A Add an example to each category listed.

1 **-e/-en**   die Karte, die Karten
                     die _____

2 **-ung/ungen**   die Meinung, die Meinungen
                     die _____

3 **-heit/heiten**   die Einzelheit, die Einzelheiten
                     die _____

4 **-schaft/schaften** die Eigenschaft, die Eigenschaften
                     die _____

5 **-in/innen**   die Schülerin, die Schülerinnen
                     die _____

6 **-um/en**   das Datum, die Daten
                     die _____

Reminder (1.3.2, 1.3.7)

Many short masculine nouns form their plural by adding an umlaut to the main vowel and an -e to the end. Similarly, many neuter nouns add an umlaut and -er.

B Complete the examples.

1 der Topf/die Töpfe

2 der Kopf/die _____

3 das Schloss/die _____

4 der Stuhl/die _____

5 des Land/die _____

C Use the rules to work out the plurals of these words without looking them up.

1 die Bedingung/die _____

2 die Ärztin/die _____

3 die Dummheit/die _____

4 der Fuß/die _____

5 das Loch/die _____

6 der Koch/die _____

7 das Stipendium/die _____

8 die Ausgabe/die _____

9 die Botschaft/die _____

10 der Vorhang/die _____

D Use a word in the plural from exercise A, B or C to fill each gap.

1 Wie viele _____ gibt es jetzt in der EU?

2 Du kannst ihm nicht vertrauen. Er macht so viele _____

3 Leider sind meine _____ viel mehr als meine Einnahmen!

4 Das ist in allen _____ ganz richtig!

5 Alle Tische und _____ müssen weg. Wir brauchen mehr Platz!

6 Ich glaube, die _____ in Bayern und Österreich sind die schönsten der Welt!

7 Du sollst ihm schöne _____ von mir ausrichten.

8 Nach der langen Wanderung tun ihr die _____ weh.

9 Er hat die _____ eines verwöhnten Kindes.

Adjectival, weak and mixed nouns

Z1 Unit 9 page 115, Unit 10 page 123
Z1 Grammar 1.4, page 154; 1.5 and 1.6, page 155

Reminder

Many adjectives can be used to form nouns.

alt = *old*   der Alte = *the old person*

angestellt = *employed*   der Angestellte = *the employee*

They take the same endings as adjectives.
(See Grammar 3.3, page 158.)

Reminder

Weak nouns end in -n or -en in all cases except the nominative singular.

Add -n to *der Junge, der Kunde, der Franzose, der Sklave, der Nachbar.*

Add -en to *der Mensch, der Assistent, der Präsident, der Elefant, der Held, der Soldat, der Student.*

A Underline the adjectival noun in each sentence and state what case it is in.

1   Kennst du den Fremden? _____

2   Der Reiche ist immer großzügig gewesen.
_____

3   Haben Sie mit dem Armen schon gesprochen?
_____

4   Kommen alle deine Verwandten am Wochenende zu dir? _____

5   Hast du den Dicken gesehen? _____

6   Du musst dem Beamten deinen Pass zeigen.
_____

B Change the given adjective into an adjectival noun, changing the ending if necessary.

1   Sprich doch mit dem _____ *(arm)*.

2   Die _____ *(klug)* haben alles richtig gemacht.

3   Er hat es mit allen _____ *(bekannt)* besprochen!

4   Die _____ *(deutsch)* sind begeisterte Urlauber!

5   Aber ich bin nicht gern unter _____ *(fremd)*.

C Choose an adjectival noun from the box to fill each gap, changing the ending if required.

der Fremde   der Deutsche
der Verfolgte   der Rechtsradikale

Unter den (1)_____ wohnen viele Ausländer. (2)_____ aus allen Ländern haben das Recht auf Asyl in Deutschland, aber sie werden nicht von allen (3)_____ akzeptiert. (4)_____ zum Beispiel sind oft gegen Ausländer und behaupten, alle (5)_____ sollten „nach Hause" fahren.

D Nominative or accusative? Circle the correct word.

1   Für mich war mein Vater immer ein (Held/Helden).

2   Hatte jeder Römer einen (Sklave/Sklaven)?

3   Wir warteten stundenlang um den (Präsident/Präsidenten) zu sehen.

4   Unser (Nachbar/Nachbarn) ist ein streitsüchtiger Mensch!

5   Unsere Schule braucht dringend einen neuen deutschen (Assistent/Assistenten).

6   Der arme Karl ist der einzige (Junge/Jungen) in der Tanzgruppe.

E Choose a word from the box for each gap, adding an ending if necessary

Mensch   Elefant   Kunde
Franzose   Präsident   Assistent

1   Bei _____ bemühe ich mich, Französisch zu sprechen.

2   Der Professor sucht einen _____

3   Die Frechheit dieser _____ ist unglaublich.

4   Die Verkäuferin fand den _____ sehr anspruchsvoll.

5   Er benimmt sich wie ein _____ im Porzellanladen!

6   Die Ausstellung wurde vom _____ eröffnet.

Reminder

A small number of nouns add -(e)n like weak nouns, but also add an -s in the genitive singular. They include *der Name, der Gedanke, der Glaube, der Wille, der Friede, der Buchstabe* and *das Herz* (but accusative: *das Herz*).

F Choose one word from the above list to fill each gap, adjusting the endings where required.

1 Alles wurde im _____ des Volkes gemacht.
2 Manchmal muss man leider um den _____ kämpfen.
3 Sie hat in gutem _____ gehandelt.
4 Meine Oma liegt mir am _____.
5 Er sprach nicht und war in _____ versunken.
6 Sie mag ihren _____ durchsetzen.
7 Schreibt das Kind mit großen oder kleinen _____?

G This exercise has a mix of weak, adjectival and mixed nouns! Fill the gaps, choosing words from the box and adding endings where necessary.

> Mensch Alte Gedanke Junge
> Deutsche Student Fremde Friede

1 Wann geht der _____ denn endlich in Pension?
2 Es ist manchmal schwer, die Einstellung eines anderen _____ zu verstehen.
3 Wir hoffen, unsere Kinder werden immer in _____ leben.
4 Wo sind die Eltern des _____?
5 Die Wohnung ist zwar zu mieten, aber sie ist zu teuer für einen _____
6 Ich bin verwirrt und kann meine _____ kaum fassen!
7 Er wohnt im Ausland und lebt gern unter _____
8 Wo ist der Pass des _____, der mitfahren will?

H Translate into German, taking great care with the word endings.

1 der Rechtsradikale
a He is a right-wing extremist.
_____
b What do you think of right-wing extremists?
_____
c The right-wing extremist did not agree.
_____

2 der Beamte
a An official was at the desk.
_____
b Officials are always well-paid!
_____
c Have you seen the official?
_____

3 der Deutsche
a The Germans love travelling!
_____
b I went to London with the German man.
_____
c What is your impression of the Germans?
_____

4 der Arme
a I saw the poor man at the station.
_____
b The poor things were waiting outside in the cold.
_____
c Is this the poor woman's bag?
_____

5 der Student
a Do you know the student?
_____
b The student's flat was incredibly untidy.
_____
c Have you already talked to the student?
_____

Definite and indefinite articles

Z1 Grammar 1.2, page 151

Reminder

The definite article (*der/die/das*) means 'the' and the indefinite article (*ein/eine/ein*) means 'a'. The negative form of *ein* is *kein*, which declines like *ein* but has plural endings too.

A Translate these sentences into English.

1 Das ist aber ein Wunder!

_____

2 Das ist kein Wunder!

_____

3 Hast du eine Frage?

_____

4 Hast du keine Frage?

_____

5 Eine Landkarte ist nützlich.

_____

6 Die Landkarte ist nützlich.

_____

Reminder (1.2.4)

In certain circumstances, German uses an article where English does not.

a with abstract nouns (*Die Zeit vergeht.*)
b with parts of the body and clothes where English uses the possessive adjective (*Er wäscht sich die Hände.*)
c with countries which are feminine (*in der Türkei*)
d with proper nouns preceded by an adjective (*der kluge Stefan*)
e in expressions of cost or quantity (*2 Euro das Pfund*)
f with meals (*nach dem Abendessen*)

B Underline the article in each example, then say which type of sentence it is, writing the relevant letter in the space provided.
1 Der Frühling kommt. _____
2 Kosten sie echt 4 Euro das Stück? _____
3 Die dumme Anja. _____
4 Sie wohnt in der Schweiz. _____
5 Sie zog den Mantel aus. _____
6 Komm gleich nach dem Frühstück. _____

C Translate into German:
1 Winter is coming.

_____

2 Lunch is ready.

_____

3 I'm going to Switzerland.

_____

4 Nature is beautiful.

_____

5 50 kilometres an hour.

_____

6 I'll do that after breakfast.

_____

7 Close your eyes!

_____

8 Life is hard!

_____

Reminder (1.2.5)

In some instances an article is used in English, but not in German:

◆ with professions and nationalities, unless there is also an adjective.
Sie ist Krankenschwester. but *Sie ist eine gute Krankenschwester.*

◆ in idiomatic expressions such as *Hast du Fieber?* or *Ich habe Kopfschmerzen.*

◆ with musical instruments, as in *Spielst du Klavier?*

D Translate into German.
1 I play the guitar.

_____

2 She plays the flute.

_____

3 He's a doctor.

_____

4 She's a good teacher.

_____

5 Have you a headache?

_____

6 The child has a temperature.

_____

Revision of nouns and articles

A Give the gender of these words without looking them up in a dictionary.

1 _____ Gedicht
2 _____ Eleganz
3 _____ Heiterkeit
4 _____ Montage
5 _____ Parlament
6 _____ Existenz
7 _____ Bitte
8 _____ Tastatur
9 _____ Fräulein
10 _____ Laboratorium
11 _____ Hektik
12 _____ Wissenschaft

13 _____ Radikalismus
14 _____ Hähnchen
15 _____ Erfinder
16 _____ Fusion
17 _____ Tal
18 _____ Mehrheit
19 _____ Bildung
20 _____ Kreativität
21 _____ Inserat
22 _____ Lieferant
23 _____ Brett
24 _____ Optimist

B Give the plural of these words without looking them up in a dictionary.

1 die Rechnung _____
2 die Kleinigkeit _____
3 die Sehenswürdigkeit _____
4 das Loch _____
5 die Schauspielerin _____
6 der Kuss _____
7 der Platz _____
8 der Block _____
9 die Aufgabe _____
10 die Kreuzung _____

C Fill the gaps with the suggested words, being careful about word endings!

1 – Kennen Sie meinen Neffen, der
_____ (student) ist?
– Nein, aber ich glaube, er studiert mit dem Sohn meines _____ (neighbour).
– Ja, richtig!

2 Meine Schwester wohnt mit drei anderen
_____ (students) zusammen. Die hat sie alle gern, aber die meisten anderen
_____ (people) gefallen ihr weniger!
Mit ihr in _____ (peace) zu leben ist echt eine Herausforderung!

3 Am Bahnhof traf ich einen jungen _____ (soldier), der mir seine _____ (thoughts) über den Krieg erklärte. Er war prinzipiell gegen Gewalt, aber trotzdem ist er bereit im _____ (name) des _____ (peace) zu kämpfen.

D Use each of the following words once to fill the gaps. You will need the genitive case each time.

der Alte   der Präsident   der Fremde   der Mensch   der Nachbar   der Student   der Friede   der Soldat

1 Im Zeitalter des _____
vergessen wir leicht den Krieg.

2 Er arbeitete zwanzig Jahre als Leibwächter des
_____

3 Die Hauptaufgabe eines _____
ist Studieren!

4 Es ist nicht immer einfach, die Einstellung eines anderen _____ zu
verstehen!

5 Der Garten meines _____
ist immer ein Chaos!

6 Der Pass eines _____
sieht immer komisch aus!

7 Die Frau des _____
wurde gestern ins Krankenhaus gebracht.

8 Die Uniform des _____
ist todschick!

E Translate into German:
A trip to Switzerland

1 When are you going to Switzerland?
_____

2 In a week. Time flies, doesn't it?
_____

3 Where exactly is St Gotthard?
_____

4 I have no idea!
_____

5 Haven't you a map?
_____

6 No, stupid Martin lost it. I'll buy another after breakfast.
_____

Prepositions and cases

The accusative case

Z1Unit 1 page 17; Unit 6 page 75
Z1Grammar 2.2 & 2.3, page 153

Reminder

- German has four cases: nominative, accusative, genitive and dative
- the nominative case is used for the subject of a sentence.
- the accusative case is used for the object of a sentence.

	masculine	feminine	neuter	plural
nominative	der	die	das	die
	ein	eine	ein	(meine/keine)
accusative	den	die	das	die
	einen	eine	ein	(meine/keine)

A Underline the subject of each sentence in one colour and the object of each sentence in another.
1 Er hat eine neue Stelle.
2 Hast du endlich die Prüfung bestanden?
3 Sie muss eine Ausbildung machen.
4 Die Zwillinge suchen dringend Arbeitsplätze.
5 Bis wann werden Sie Ihren Lebenslauf fertig haben?

B Only with masculine nouns is the article in the accusative different from the nominative. Look at these examples and circle the correct version each time.
1 (Der/Den) Computer ist leider schon wieder kaputt.
2 Ab nächste Woche haben wir (ein/einen) neuen Fachmann hier im Haus.
3 Mein Boss meint, ich sollte (ein/einen) Trainingskurs machen.
4 (Der/Den) Manager ist ungefähr fünfundvierzig Jahre alt.
5 Rufen Sie mal (der/den) Boss an!

Reminder (2.2.2)

Always use the nominative case after *sein*, *werden* and *bleiben*.

C In each pair of sentences there is one example of the nominative and one of the accusative. Fill in the appropriate article.
1 Er hat _____ Schnurrbart.
2 _____ Schnurrbart steht ihm überhaupt nicht!

3 Sie hat lieber _____ Mann als Boss.
4 Er ist _____ reicher Mann.
5 _____ Hund beißt die arme Katze.
6 Ich kann _____ Hund nicht leiden, da er Katzen beißt.
7 Das ist aber _____ großes Kind!
8 Er ist selbst groß und hat dazu noch _____ riesengroßes Kind!
9 Die Polizei hat _____ Beschreibung des Diebes.
10 _____ Beschreibung des Diebes ist leider nicht sehr ausführlich.
11 Ist er _____ Sohn des berühmten Fußballspielers?
12 Der berühmte Fußballspieler hat _____ Sohn, der elf Jahre alt ist.

D Subject or object? Fill in the gaps! Use the correct form of *der/die/das* or *ein/eine/ein*.

Sabine hat heute (**1**)_____ Interview. Sie möchte (**2**)_____ Stelle gern haben und hat viele Vorbereitungen getroffen. Zuerst hat sie sich (**3**)_____ neues Kleid und (**4**)_____ schwarze Jacke gekauft. Sie hat sich sogar (**5**)_____ Schuhe von ihrer Mutter putzen lassen. Sie hat sich auch (**6**)_____ Buch über die Hotelindustrie besorgt. (**7**)_____ Buch hatte viele Tipps und sie war ganz überrascht zu erfahren, dass (**8**)_____ Hotelindustrie so viele Ausbildungsmöglichkeiten zu bieten hat. Nur ist (**9**)_____ Bezahlung am Anfang nicht so besonders gut!

E Fill in the gaps with an appropriate preposition from the list above.

1 Hast du ein Geschenk _____ deine Mutter?

2 Geh nicht _____ deine Scheckkarte aus dem Haus!

3 Sie gehen jeden Morgen _____ den Park zur Arbeit.

4 Sollen wir nicht die Hauptstraße _____ gehen?

5 Spielt Russland _____ die Vereinigten Staaten?

6 Wir sind _____ zwei Uhr hier.

7 Das tut er _____ seinen Willen.

8 Gehen Sie _____ die Ecke und das Königshotel ist gleich rechts.

F Now fill in the missing articles, remembering that each of these prepositions is followed by the accusative case.

1 Ohne _____ Computer kann er nichts machen.

2 Wir gehen joggen – zehnmal um _____ Platz herum.

3 Möchtest du durch _____ Stadtmitte bummeln?

4 Hast du wirklich genug für _____ Test gelernt?

5 Wir Deutsche spielen immer gern gegen _____ Engländer.

6 Wir gehen gern einmal am Abend _____ Fluss entlang.

7 Ich möchte einmal ohne _____ Kinder nach Paris fahren!

8 Was hat er für _____ Arbeit verdient?

9 Wir sind durch _____ schönsten Gegenden gereist.

10 Stellt alle Fahrräder gegen _____ Bäume.

G Fill in the missing German expressions.

Ich bleibe

1 _____*eine Woche*_____ (a week)

2 _____ (a month)

3 _____ (two years)

4 _____ (all day)

Ich fahre

5 _____*jedes Wochenende*_____ (every weekend)

6 _____ (next month)

7 _____ (every day)

8 _____ (next year)

H This exercise practises everything at once! Look at the underlined words and fill into the brackets either nom. or acc. If it is accusative, note whether it is:

a obj. (the object of the sentence)

b prep. (after a certain preposition)

c time (one of the set expressions of time)

1 Das ist <u>eine schöne Überraschung.</u> (_____)

2 Hast du etwas gegen <u>die Kellnerin?</u> (_____)

3 Bleibst du <u>den ganzen Abend</u> hier? (_____)

4 Wie teuer ist denn eigentlich <u>das Hotel?</u> (_____)

5 Brauchst du <u>einen neuen Mantel?</u> (_____)

I Now fill the gaps yourself.

1 Wann ist denn _____ Party?

2 Darfst du denn nicht _____ ganze Woche bleiben?

3 Ich werde ein neues Buch für _____ Kind bringen.

4 Wann bringst du _____ Kuchen?

5 Es ist schneller durch _____ Park zu gehen.

6 _____ Mädchen ist klug.

7 Er stand auf, ohne _____ Wort zu sagen.

8 Arbeitest du _____ ganzen Tag?

The dative case

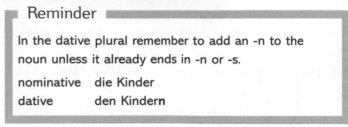

Z1 Unit 1 page 17, Unit 6 page 75
Z1 Grammar 2.4, page 154

Reminder (2.4.1)

The dative case is used for the indirect object of a sentence, that is the person **to whom** something is given, written, said, etc.

m	f	n	plural
dem	der	dem	den (+ -n)
(k)einem	(k)einer	(k)einem	keinen (+-n)

Reminder

In the dative plural remember to add an -n to the noun unless it already ends in -n or -s.

nominative   die Kinder
dative   den Kinder**n**

A Underline the indirect object in each sentence, then translate the sentences into English. Notice that the word 'to' is often optional in English.

1   Er schrieb dem Beamten einen langen Brief.

   _____

2   Gib dem Hund einen Knochen!

   _____

3   Sag es dem Lehrer nicht!

   _____

4   Gehört das der Ärztin?

   _____

5   Erzählen Sie den Kindern bitte eine Geschichte.

   _____

B Insert the correct form of the word given.

1   Das Buch gehört _____ *(die)* Lehrerin.
2   Sag _____ *(der)* Schuldirektor doch bitte die Wahrheit.
3   Erzähl _____ *(das)* Kind ein Märchen.
4   Schick mal _____ *(der)* Manager deinen Lebenslauf.
5   Ich soll _____ *(meine)* Großmutter endlich einmal schreiben!

C Translate the following sentences into German.

1   Have you written to the popstar?

   _____

2   Have you told your mother?

   _____

3   Send the boss a postcard.

   _____

4   Give no-one your e-mail address.

   _____

D Fill in the gaps with the correct form of the word in brackets.

1   Sag das _____ *(die Kinder)* nicht.
2   Er gibt _____ *(seine Hunde)* zu viel zu fressen!
3   Schreiben wir _____ *(die anderen)* über die guten Nachrichten!
4   Sollen wir _____ *(alle Schüler)* solche Sachen erlauben?
5   Gehört der neue Computer _____ *(die Familie)*?

E Translate the following sentences into German.

1   Does that belong to the twins?

   _____

2   Have you sent a present to the children?

   _____

3   I gave the homeless man some money.

   _____

4   You ought to write to your grandparents.

   _____

5   Does this bag belong to the actress?

   _____

6   We gave the girls the note.

   _____

Reminder (2.4.2)

Certain prepositions are followed by the dative case:
aus, außer, bei, gegenüber, mit, nach, seit, von, zu.
The preposition *dank* can take either the dative or the genitive case.

Reminder

Certain verbs are followed by the dative case.

F Put one of the above prepositions into each gap.

1 Ich blieb zwei Wochen _____ meiner Tante.

2 Hast du nichts _____ ihm gehört?

3 Das Fundbüro liegt _____ den Toiletten.

4 _____ mir hat jeder genug Geld!

5 _____ wie vielen Jahren lernen Sie Deutsch?

6 Gehst du _____ den Kindern zur Eishalle?

7 Mein Großvater wurde zwei Jahre _____ dem Krieg geboren.

8 Wann gehst du _____ deinen Großeltern?

9 Er ist krank und darf nicht _____ dem Haus!

10 Sie hat das alles _____ ihrer Freundin geschafft!

G Write the numbers of the sentences above in which an extra -n has been added to the dative plural form.

_____

H Fill in the gaps.

Als ich das letzte Mal mit (1)_____ Großmutter einkaufen ging, ging ziemlich alles schief. Sie war seit (2)_____ Monat nicht aus (3)_____ Haus gewesen und traute sich nicht mehr allein zu (4)_____ Stadtmitte zu fahren. Bei (5)_____ Bäcker wurde sie ganz verwirrt und fragte nach (6)_____ alten Frau, obwohl diese vor einigen Wochen gestorben war. Dann stolperte sie auf dem Weg von (7)_____ Bäckerei zu (8)_____ Bank und es war nur dank (9)_____ älteren Mann, dass sie nicht ganz hingefallen ist. Wir mussten uns auf der Bank gegenüber (10)_____ Apotheke ausruhen. Wir mussten dann warten, bis mein Großvater uns wieder abholte.

I Match the meanings in the box with the verbs listed below, which take the dative.

1 danken _____
2 folgen _____
3 glauben _____
4 passen _____
5 vor/kommen _____
6 gratulieren _____
7 drohen _____
8 genügen _____
9 helfen _____
10 trauen _____
11 gehorchen _____
12 gefallen _____

to thank   to obey   to think/believe   to trust
to be enough   to suit   to follow   to threaten
to please   to help   to congratulate   to seem

J Fill in the missing pronouns. See 4.2 if necessary.

1 Ich danke _____ *(you – du)* herzlich!

2 Ihre Schwester folgt _____ *(her)* überall.

3 Danke, das genügt _____ *(me).*

4 Ich werde nie fertig, wenn niemand _____ *(me)* hilft.

5 Kommt es _____ *(you – Sie)* nicht seltsam vor?

6 Gefällt es _____ *(him)* in Stuttgart?

K Translate into German.

1 I don't believe you!

_____

2 Don't threaten me!

_____

3 Does the dress suit her?

_____

4 Can I trust them?

_____

5 They all congratulated me.

_____

13

Dual Case Prepositions

Z1 Unit 6 page 77
Z1 Grammar 2.5, page 156

Reminder

Nine prepositions can be followed by either the accusative or the dative case:

They are: *an, auf, hinter, in, neben, über, unter, vor* and *zwischen*.

Where they convey the direction of a **movement**, they are followed by the **accusative** case. Where they describe **position**, they are followed by the **dative** case.

A In each pair of sentences, there is one example of the accusative used with direction and one of the dative used with position. Write acc. or dat. in the space provided as appropriate.

1 Häng das Bild bitte an die Wand. _____

2 Das Bild hängt seit Jahren bei uns im Wohnzimmer. _____

3 Mein ganzes Geld ist auf der Bank. _____

4 Ich muss gleich auf die Bank gehen. _____

5 Er soll hinter dem Haus parken. _____

6 Er soll hinter das Haus fahren. _____

7 Er fliegt gern ins Ausland. _____

8 Er wohnt gern im Ausland. _____

9 Stell den Herd nicht neben den Kühlschrank! _____

10 Wie blöd, der Herd steht neben dem Kühlschrank! _____

11 Schau! Große schwarze Wolken kann man über dem Haus sehen. _____

12 Die Hubschrauber fliegen zweimal in der Woche über das Haus. _____

13 Schau! Der Igel kriecht gerade unter den Zaun. _____

14 Schau! Der Igel schläft unter dem Zaun. _____

15 Der Fußweg führt zwischen die zwei Häuser. _____

16 Der Obstgarten liegt zwischen den zwei Häusern. _____

B Circle the correct alternative each time.

„Stellen Sie sich mal vor", sagte die neue Sekretärin. „Herr Süßkind sitzt (**1** in den/im) Büro und bestellt sich alle zwanzig Minuten einen Kaffee. Ich soll Getränke für jeden Besucher (**2** ins/im) Büro bringen, statt (**3** an den/am) Computer bei meiner eigenen Arbeit zu bleiben. Er hat mich heute (**4** in die/in der) Stadt geschickt, um Schecks (**5** auf die/auf der) Bank zu bringen. Ich sollte sogar auch (**6** ans/am) Kiosk neben (**7** den/dem) Bahnhof Lottoscheine für ihn besorgen. Er bittet mich immer wieder, Blumen überall auf (**8** die/den) kleinen Tische zu stellen und seine blöden Bilder an (**9** die/der) Wand zu hängen. Aber jetzt ist endlich Schluss. Morgen gehe ich direkt (**10** auf das/auf dem) Arbeitsamt. Ich suche mir nämlich eine bessere Stelle!"

C The Schmidt family have left a note for their new cleaning lady. Fill in the gaps!

1 Der Staubsauger ist in _____ Arbeitszimmer.

2 Bitte stecken Sie _____ roten Pulli nicht in die Waschmaschine.

3 Das Waschmittel ist in _____ Schrank neben _____ Waschmaschine.

4 Bei schönem Wetter hängen Sie bitte die Wäsche auf _____ Leine.

5 Stellen Sie bitte den Mülleimer vor _____ Haus.

6 Vorsicht bei Stefan im Zimmer! Er hat viel schmutzige Wäsche unter _____ Bett!

7 Bitte tun Sie alle Spielzeuge in _____ zwei großen Schränke im Kinderzimmer!

8 Der Hund soll in _____ Garten bleiben. Nur bei starkem Regen darf er in _____ Haus.

9 Bringen Sie bitte die Bücher in _____ Bibliothek zurück!

D Translate the pairs of sentences into English, paying particular attention to the cases used.

1 Er ist in die Stadtmitte gefahren.

_____

2 Er ist in der Stadtmitte herumgefahren.

_____

3 Er steht zwischen den Bäumen.

_____

4 Er hängt eine Leine zwischen die Bäume.

_____

5 Er blieb vor dem Fenster stehen.

_____

6 Er stellte sich vor das Fenster.

_____

7 Die Kleine glaubt, der Maulwurf wohnt unter dem Zaun.

_____

8 Kriecht der Maulwurf unter den Zaun?

_____

9 Ein Düsenflugzeug fliegt alle 10 Minuten über das Dorf.

_____

10 Die Flugzeuge sind so laut, wenn sie direkt über dem Dorf sind!

_____

Revision of accusative and dative cases

E This exercise mixes all the uses of the accusative and the dative. Fill in the gaps and then note in the grid below the sentences why you chose the case you did. For example:

    acc. (object)
    acc. (after _gegen_)
    acc. (after _in_ + movement)
    dat. (indirect object)
    dat. (after _mit_)
    dat. (after _in_ + position)

Kris: Wann habt ihr zum letzten Mal (**1**)_____ Match gewonnen?

Jakob: Letzte Woche, als wir gegen (**2**)_____ B-Mannschaft unserer eigenen Schule gespielt haben!

Kris: Seid ihr immer noch in (**3**)_____ Lage, dieses Jahr aufzusteigen?

Jakob: Unser Manager hat (**4**)_____ ganzen Mannschaft gesagt, es könnte noch klappen.

Kris: Aber zuerst müsst ihr noch einige Bälle in (**5**)_____ Netz kriegen!

Jakob: Und warum nicht? Wir haben die besten Striker in (**6**)_____ ganzen Gegend!

Kris: Klar, aber ihr habt auch (**7**)_____ sehr schwachen Torwart!

Jakob: Komm doch zum nächsten Match. Du wirst sehen!

1	
2	
3	
4	
5	
6	
7	

The genitive case

Z1 Unit 7 page 91
Z1 Grammar 2.6, page 157

Reminder

The genitive case is used to show possession and is usually translated into English by 'of the' or the use of an apostrophe. It looks like this:

m	f	n	plural
des (+ s/es)	der	des (+s/es)	der
eines (+ s/es)	einer	eines (+ s/es)	
keines (+s/es)	keiner	keines (+s/es)	keiner

A Translate into English.

1 die Titel des Buches

_____

2 die Stimme des Lehrers

_____

3 das Auto meiner Mutter

_____

4 der Fußballspieler des Jahres

_____

Reminder

Masculine and neuter nouns add -s or -es in the genitive case.

B Look again at the examples above and then complete the explanation.

Masculine and neuter nouns which have one _____ add -es in the genitive case.
Add just -s in the genitive for masculine and neuter nouns with _____.
One group of nouns – _____ – do not change in the genitive case.

C Rewrite the pairs of nouns using the genitive case for the second one as in the example. Remember that possessive adjectives follow the pattern of *ein/eine/ein*.
    das Geld – mein Vater   _das Geld meines Vaters_
1 die Risiken – das Skilaufen _____
2 die Kosten – der Urlaub _____
3 die Schönheit – die Natur _____
4 der Vorteil – der Computer _____

Reminder (2.6.2)

The following prepositions are followed by the genitive case: *außerhalb, innerhalb, statt, trotz, während, wegen*. The preposition *dank* can take either the genitive or the dative case.

D Choose one of these prepositions to fill each gap.
1 Sie wohnt etwas _____ der Stadt.
2 Der Urlaub war _____ des schlechten Wetters total ruiniert.
3 Was machst du _____ der Pause?
4 Ich kann das ja nicht alles _____ einer Stunde erledigen.
5 _____ seiner Ausrede glaube ich ihm nicht.

E Fill in the missing words.

Wegen (1)_____ Sprachkenntnisse fand Kirsten leicht einen Job als Stadtführerin. Während (2)_____ typischen Woche machte sie etwa fünf Touren durch ihre Heimatstadt und innerhalb (3)_____ ersten Monat___ hatte sie mit etwa zwanzig verschiedenen Reisegruppen gearbeitet. Trotz (4)_____ schlechten Gehalt___ gefiel ihr der Job, da sie ziemlich viel unterwegs war. Sie fuhr mit einigen Gruppen sogar etwas außerhalb (5)_____ Stadt, um die Umgebung zu besichtigen.

F This exercise contains examples of all the different uses of the genitive case. Fill in the gaps and write the reason for the genitive in the brackets – is it 'possession' or 'preposition'?
1 Er hat den Tennisschläger _____ Schwester verloren. (_____)
2 Nimm doch deine Freundin statt _____ kleinen Schwester mit. (_____)
3 Der gute Ruf _____ britischen Universitäten verbreitet sich. (_____)
4 Während _____ Winter___ gehen wir nur wenig spazieren. (_____)
5 Ich habe das Kleid trotz _____ hohen Preis___ gekauft. (_____)
6 Wegen _____ bevorstehenden Prüfungen soll ich abends weniger ausgehen. (_____)

Revision of cases

Nominative or accusative?

A Fill in the gaps! You will need variations of *der / die / das, ein / eine / ein, kein* and the possessive pronouns.

1 Paula sucht seit Monaten _____ Job.

2 Bis letzten Samstag hatte sie _____ gefunden.

3 Aber dann wurde ihr _____ Stelle als Hilfskraft bei McDonalds angeboten.

4 Am ersten Tag hat _____ Boss ihr einiges gezeigt.

5 Zum Beispiel erklärte er ihr, wie man _____ Kunden bedient.

6 Sie sollte auch lernen, _____ Bestellungen schnell in _____ Küche zu schicken und danach _____ richtigen Sachen zusammenzustellen.

7 Wichtig war alles schnell zu erledigen, ohne dass _____ Kunde sich gestresst fühlte!

8 Am Anfang war das _____ leichte Aufgabe.

Direct or indirect object?

B Sigi is deciding what Christmas presents to buy. Choose a suitable gift for each person and write a sentence for each, following the model.

Wer? seine Mutter / sein Vater / sein älterer Bruder / sein kleiner Bruder / seine Großeltern / sein Lieblingsonkel / seine Klassenlehrerin / sein bester Freund / seine Freundin / die Kinder, für die er Babysitting macht / sein Hund

Was? ein Roman / eine Tafel Schokolade / ein Knochen / ein Ring / ein Poster / eine CD / ein Liter Wein / ein Puzzle / ein Blumenstrauß / ein Schmuckstück / ein Aktenordner

Er schenkt seiner Mutter einen Blumenstrauß.

1 _____
2 _____
3 _____
4 _____
5 _____
6 _____
7 _____
8 _____
9 _____
10 _____

Movement or position?

C Each pair of sentences has one describing direction and one describing position. Complete the second sentence according to the prompts and write 'D(irection)' or 'P(osition)' in the box after every sentence.

1 Das Etagenbett sieht <u>im Kinderzimmer</u> gut aus. ☐

2 Stellen wir das Etagenbett
_____. ☐

3 Wie lang brauchen Sie, um <u>in die Stadtmitte</u> zu fahren? ☐

4 Fahren Sie doch nicht stundenlang
_____ herum! ☐

5 <u>Im Garten</u> dürfen die Kinder laut spielen! ☐

6 Wenn sie laut sein wollen, sollen die Kinder
_____ gehen. ☐

7 Claudia, du hast zu viel schmutzige Wäsche bei dir <u>im Wäschekorb.</u> ☐

8 Steck bitte deine schmutzige Wäsche
_____ Wäschekorb. ☐

9 Wer Sprachen studiert, soll ein Jahr <u>im Ausland</u> verbringen. ☐

10 Wer Sprachen studiert, soll ein Jahr
_____ fahren. ☐

More revision of cases

A Sort the prepositions into the appropriate boxes.

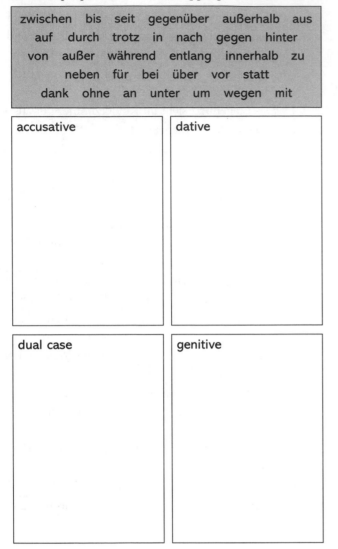

zwischen bis seit gegenüber außerhalb aus	
auf durch trotz in nach gegen hinter	
von außer während entlang innerhalb zu	
neben für bei über vor statt	
dank ohne an unter um wegen mit	

accusative	dative

dual case	genitive

B Translate these prepositional phrases into German.

1 during the war

2 along the river

3 out of the box

4 at the Müllers' house

5 (throw it) under the table

6 from my aunt

7 through the wood

8 after twenty years

9 for his father

10 (go) round the corner

11 for a month

12 into the chemist's

13 (fix it) onto the wall

14 (I left it) on the cupboard

15 (drive up) in front of the hospital

16 because of his error

17 without her key

18 (put it) behind the house

19 in spite of the price

20 thanks to the parents

21 instead of a present

22 opposite the hotel

23 (it is) next to the cathedral

24 against the wall

25 except for the children

26 (do you go) between the buildings?

27 with the intention

28 outside the stadium

29 (it flew) over the trees

30 inside the office

Reminder (2.7)

Sometimes a noun is followed immediately by a second noun referring to the same thing or person. The second noun is said to be in apposition to the first and is in the same case as the first one.

C Label these sentences nominative, accusative, dative and genitive and underline the main noun and the one in apposition each time.

1 Kennst du meinen Nachbarn, den Franzosen?
_____

2 Das ist Herr Schulz, mein Englischlehrer.
_____

3 Wir sprachen mit Frau Sauer, der Tante meiner Freundin. _____

4 Das ist das Auto meiner Schwester, der Dolmetscherin. _____

D Complete the sentences using the prompts.

1 Manfred, _____
(the guitarist), lud mich zu einer Party ein.

2 Ich sprach zuerst mit seinen Eltern,
_____
(die Schmidts).

3 Dann tanzte ich mit Heike,
_____ (his sister).

4 Dann sah ich plötzlich Andrea,
_____ (the pretty blonde).

5 Leider tanzte sie den ganzen Abend mit Markus,
_____
(the captain of the football team.).

6 Jörg und Ute, _____
(the twins) waren auch dabei.

7 Und ich traf auch Karsten,
_____ (the brother of Andrea).

8 Und seit der Party hat mich Claudia,
_____ (the new girl in our class) dreimal angerufen!

E Fill the gaps, following the prompts.

_____(**1** last) Wochenende machten

wir _____(**2** a) Ausflug nach Rom.

Wir nahmen _____(**3** the)

Reiseführer mit und vergaßen auch nicht

_____(**4** our) Stadtplan. Ich wollte

nicht in _____(**5** the) Stadtmitte

parken. Also fuhren wir mit

_____(**6** the) Bus in

_____(**7** the) Zentrum und ließen

_____(**8** the) Auto vor

_____(**9** a) Hotel in

_____(**10** the) Vorort.

_____(**11** the) Tag war lang und heiß,

aber wir haben nicht nur

_____(**12** the) römischen Ruinen,

sondern auch _____(**13** the)

Peterskirche und _____(**14** the)

Petersplatz besichtigt. In der Peterskirche,

_____(**15** the) berühmtesten Kirche

ganz Roms, herrschte _____(**16** a)

friedliche Stille, aber _____(**17** the)

Rest _____(**18** of the) Stadt schien

_____(**19** a) Chaos zu sein! Als wir

aus _____(**20** the) Dom kamen,

sagte Laura, sie könnte nicht mehr. Sie wollte

sofort raus aus _____(**21** the)

Stadt! Aber ich habe sie überredet, vorher

_____(**22** a) Kleinigkeit in

_____(**23** a) Pizzeria einzunehmen.

Ich bin _____(**24** of the) Meinung,

dass man in _____(**25** a) Land immer

_____(**26** the) einheimische Essen

probieren soll!

Adjectives and adverbs

Possessive adjectives

Z1 Unit 1, page 21
Z1 Grammar 3.1, page 155

Reminder

- The possessive adjectives in German are *mein* (my), *dein* (your – familiar singular), *sein* (his/its), *ihr* (her/its), *unser* (our), *Ihr* (your – polite), *euer* (your – familiar plural) and *ihr* (their).
- Possessive adjectives take the same endings as *ein/eine/ein*, so the nominative case of *mein* is *mein* (m.), *meine* (f.), *mein* (n.) and *meine* (pl.).

A Translate into German.
1   my book _____
2   his car _____
3   their parents _____
4   your (*du*) house _____
5   our children _____
6   your (*Sie*) job _____
7   her boyfriend _____
8   his CDs _____
9   your (*du*) influence _____
10 your (*ihr*) friends _____

Reminder

The full table in all the cases looks like this:

	m	f	n	plural
nom	mein	meine	mein	meine
acc	meinen	meine	mein	meine
dat	meinem	meiner	meinem	meinen
gen	meines	meiner	meines	meiner

B Underline the possessive adjective in each sentence. State the case and whether plural. If the noun is singular, give the gender.
1   Wo sind <u>meine</u> Handschuhe?
     _____ nominative, plural _____
2   Tust du das trotz deiner Eltern?
     _____
3   Sie fährt ohne ihre Kinder hin.
     _____
4   Was macht er mit seinem Geld?
     _____

5   Haben Sie Ihr Haus schon verkauft?
     _____
6   Das machen wir wegen unserer Schulden.
     _____
7   Da sind die Kinder, aber wo sind ihre Eltern?
     _____
8   Habt ihr schon von eurem Onkel etwas gehört?
     _____

C Choose the correct alternative each time.
1   Verstehst du dich gut mit (deine/deinen) Eltern?
2   Ja, mit (meine/meiner) Mutter schon.
3   Und mit (deinem/deiner) Vater weniger?
4   Kann man wohl sagen! Und wie ist es in (deine/deiner) Familie?
5   Weißt du, (unser/unsere) Beziehungen sind alle ziemlich gut.
6   Versteht ihr euch auch gut mit (eure/euren) anderen Verwandten?
7   Da haben wir schon (unser/unsere) Schwierigkeiten!
     – Wieso?
8   Wegen (meine/meiner) Großmutter, weißt du? Sie missversteht alles!

D Fill in the correct version of *mein* each time. There is a mixture of cases.
Die Schule fängt morgen an!
1   Wo ist _____ Schultasche?
2   Und was habe ich mit _____ Büchern gemacht?
3   Hast du _____ Stundenplan gesehen?
4   Von _____ Wörterbuch ist nichts zu sehen!
5   _____ Filzstifte müssen doch irgendwo sein!
6   In _____ Schule gibt's nicht genug Pausen.
7   Ich werde keine Zeit mehr für _____ Hobbys haben!
8   Den Namen _____ neuen Physiklehrers habe ich vergessen!
9   Die Schule mag ich nicht. Ich möchte lieber _____ Ruhe haben!
10 Wenigstens werde ich _____ Freunde wiedersehen!

E Choose a word from the box to fill each gap.

1 _____ Aufenthalt in Österreich war ein Alptraum.

2 Zuerst haben wir _____ Gepäck am Flughafen verloren.

3 Dann konnten wir _____ Mietwagen nicht finden.

4 Schließlich mussten wir mit einem Taxi zu _____ Hotel fahren.

5 Meine Eltern waren mit _____ Zimmer gar nicht zufrieden.

6 _____ Bett war hart und _____ Vorhänge waren sogar zerrissen.

7 Mir ging es nicht besser. Jemand hatte _____ Gepäck im Zimmer liegen lassen.

8 _____ Toilettenartikel lagen überall im Badezimmer.

9 Aber der Manager meinte, das wäre alles nicht _____ Schuld.

10 Zwei _____ Zimmermädchen hatten am Tag vorher gekündigt.

> seine unseren sein seine unser
> unserem ihr ihrem unser seiner ihre

F Fill the gaps!
Wir ziehen um!

1 _____ Umzug nach Hamburg war gar nicht einfach! *(our)*

2 Mein Vater wollte _____ alte Firma nicht verlassen. *(his)*

3 Meine Mutter fand es schwer _____ Eltern zu verlassen. *(her)*

4 Meine Schwester war wegen _____ Freundes traurig. *(her)*

5 Die Zwillinge wollten nicht weg von _____ Schule. *(their)*

6 Und dann haben die Möbelpacker _____ ganzen Sachen verloren! *(our)*

7 Meine Mutter fühlte sich in _____ neuen Küche nicht zu Hause. *(her)*

8 Die Zwillinge konnten _____ Spielzeuge nicht finden. *(their)*

9 Und meinem Vater gefiel _____ neue Stelle nicht besonders. *(his)*

10 Aber ich hoffe, wir werden uns bald an _____ neuen Lebensstil gewöhnen! *(our)*

G Translate into German.

1 because of your problems *(du)*
_____

2 with her father
_____

3 without their mother
_____

4 in our new garden
_____

5 to his new school
_____

6 from my favourite aunt
_____

7 after their music lessons
_____

8 Have you your passport? *(Sie)*
_____

9 Have you written to your penfriends? *(ihr)*
_____

10 Please bring our drinks!
_____

H Translate these sentences into German.

1 Have you got your tickets with you? (du)
_____

2 Yes, they're in my handbag.
_____

3 What has he done with his bike?
_____

4 He's left it at his girlfriend's house.
_____

5 Has she still got my CD?
_____

6 No, she gave it to her friend.
_____

7 Where are your sweets? (ihr)
_____

8 Our Mum took them!
_____

9 Are you going in your new car? (Sie)
_____

10 No, my new car will not come until next week.
_____

11 I don't think much of your solution. (du)
_____

12 Perhaps your own ideas are better.
_____

Adjective endings

Z1 Unit 1 page 21
Z1 Grammar 3.3 page 156

Reminder (3.3.1)

Adjectives not before the noun do not add any endings.

A Rewrite the sentences following the example.

1 Zu Weihnachten bekam ich ein teueres Geschenk.
Das Geschenk _____ war teuer. _____

2 Das war eine große Überraschung.
Die Überraschung _____

3 Ich habe viele großzügige Verwandte.
Meine Verwandten _____

4 Mein Onkel hat mir einen riesigen goldenen
Ring geschenkt.
Der Ring _____

5 Von meiner amerikanischen Tante bekam ich einen
großen Scheck.
Der Scheck _____

Reminder (3.3.2)

Whenever an adjective is used in a noun phrase it will
need an ending. The ending depends on three things:

♦ The word before the noun – definite article,
indefinite article, no article?

♦ The gender of the noun, or plural

♦ Its case

The endings after *der/die/das*, etc. are as follows:

	m	f	n	plural
nom	e	e	e	en
acc	en	e	e	en
dat	en	en	en	en
gen	en	en	en	en

B Look at the gender and case of the underlined noun
phrases (top right) and choose the correct description
for each from the box.

> masculine/genitive   neuter/dative
> feminine/nominative   neuter/accusative
> feminine/dative   masculine/accusative

Im Theater

1 Was kostet <u>die beste Karte</u>?
(_____)

2 Haben Sie <u>einen billigen Platz</u>?
(_____)

3 Was ist der Preis <u>eines guten Platzes</u>?
(_____)

4 Hätten Sie bitte <u>ein kleineres Eis</u>?
(_____)

5 Wer spielt in <u>der nächsten Vorstellung</u>?
(_____)

6 Was läuft <u>im neuen Theater</u>?
(_____)

C Now provide a description (gender and case) for each
of the underlined noun phrases.

Im Fernsehen

1 Wie findest du <u>den italienischen Dokumentarfilm</u>?
(_____)

2 Das wird alles in <u>der nächsten Serie</u> erklärt.
(_____)

3 Magst du die Sendungen <u>des zweiten Programms</u>?
(_____)

4 Wann beginnt <u>die letzte Sendung</u>?
(_____)

5 Hast du <u>das neue Quiz</u> schon gesehen?
(_____)

6 Wann sind die Nachrichten <u>im ersten Programm</u>?
(_____)

D Fill in the correct adjective endings.

1 Die jung_____ Frau Emmerding ist schon Oma.

2 Ihre Tochter machte sie mit der unerwartet_____
Geburt eines Sohns zur Oma.

3 Sabrina, erst 15, ist die ältest_____ von sechs
Geschwistern.

4 Die Situation ist nicht untypisch für den
sozial_____ Brennpunkt Fischerviertel.

5 Für Sabrina ist der groß_____ Vorteil, dass sie
Rückhalt in ihrer Familie findet.

6 Sabrina wohnt mit dem neugeboren_____ Sohn
bei ihrer Mutter.

7 In der Selbsthilfegruppe trifft sich Sabrina mit
anderen Teenagern in der gleich_____ Situation.

8 Irgendwie ist sie schon stolz, Mutter eines
klein_____ Babys zu sein.

E Write out a translation for the phrase which is underlined in each sentence.

1 Sabrina brings the new baby home.

_____

2 The two new babies live in the same house.

_____

3 Sabrina enjoys going to the small self-help group.

_____

4 The Fischerviertel is the social 'hotspot' in this area.

_____

5 Money and a career are just two of the worries of the young mother.

_____

6 The baby will grow up with the younger brothers and sisters of Sabrina.

_____

Reminder (3.3.2)

After the indefinite article, *kein* and the possessive adjectives the adjective endings are:

	m	f	n	plural
nom	er	e	es	en
acc	en	e	es	en
dat	en	en	en	en
gen	en	en	en	en

F Fill in the gaps with the adjective endings from the box below.

| en   e   er   es   en   en |

1 Paul Bastion ist ein gut_____ Geschäftsmann.
2 Er hat einen erfolgreich_____ Familienbetrieb gegründet.
3 Er arbeitet mit seinem ältest_____ Sohn zusammen.
4 Sein Sohn wird zu seiner Geburtstagsfeier eine kurz_____ Rede halten.
5 Blumen überreichen ist die Aufgabe seiner jung_____ Enkelin, Karina.
6 Kurz gesagt, es wird ein riesig_____ Fest geplant!

G Fill in the appropriate adjective endings.

1 Helga und Jürgen sprechen mit einer gewiss_____ Selbstironie.
2 Der „alte Hippy" trägt einen selbst gestrickt_____ Pullover.
3 Ihr Sohn hofft, eine erfolgreich_____ Software-Firma zu gründen.
4 Ihre Tochter hat sich einem klein_____ Bibelkreis angeschlossen.
5 Die Schneiders verstehen sich eher schlecht mit ihren beid_____ Kindern.
6 Meine Schwester hat einen warmherzig_____ jung_____ Mann kennen gelernt.
7 Er ist ein locker_____ Typ.
8 Aber sie mag seine etwas streng_____ Eltern nicht besonders.
9 Sie meint, ihr Freund habe kein gut_____ Verhältnis zu ihnen.
10 Besonders die Einstellung seines altmodisch_____ Vaters mag sie nicht.

H Fill in the endings carefully.

Heiraten? Ich bin dagegen!

1 Heiraten? Für mich ist das eine verrückt_____ Idee.
2 Ich kann ja nicht mein ganz_____ Leben lang einen einzigen Menschen lieben!
3 Der Heiratsvertrag ist nur ein blöd_____ Stück Papier.
4 Das Stück Papier ist wohl nicht das Wichtigst_____ .
5 Allerdings mag ich gerne in einer eng_____ Beziehung leben.

Heiraten? Ich bin dafür!

6 Für mich wäre eine glücklich_____ Ehe immer das Beste.
7 Aber man muss miteinander ehrlich_____ sein.
8 Ich finde, eine intakt_____ Familie ist für jedes Kind wichtig.
9 Lebenslang mit einem einzig_____ Partner zusammenbleiben – das ist das Ideal!
10 Aber jeder soll seine eigen_____ Entscheidung treffen!

Adjective endings continued

Z1 Unit 1 page 21
Z1 Grammar 3.3 page 156

Reminder 3.3.2

If adjectives are used with no article, use the
following endings:

	m	f	n	plural
nom	er	e	es	e
acc	en	e	es	e
dat	em	er	em	en
gen	en	er	en	er

This also applies after numbers and some plural words,
such as *viele, manche, einige*.

A Underline the adjective and the noun in each
sentence, then translate into English.

1 Das ist aber tiefer Schnee!

   _____

2 Ich mag heißen Tee.

   _____

3 Trotz mancher Mühe findet er es immer noch
schwierig.

   _____

4 Bei schlechtem Wetter bleibe ich lieber zu Hause.

   _____

5 Du kommst nur mit guten Noten in die nächste
Klasse.

   _____

B Circle the correct version of the adjective each time.
There are examples of all cases.

1 Trinkst du gern (süßer/süßen) Wein?
2 (Frische/Frisches) Obst ist gesund.
3 Bei (reiche/reichen) Leuten lebt man bequem.
4 Bringt er wieder (schlechte/schlechten)
Nachrichten?
5 Das Kind hat Angst vor (großer/großen) Hunden.
6 Das sind die Vorteile (italienischer/italienischen)
Weine.
7 Wegen (schlechtes/schlechten) Noten bleibt er
sitzen.
8 (Heiße/Heißes) Temperaturen gibt's kaum in
Großbritannien!

C Fill in the missing endings.

1 Trinkst du lieber kalt_____ Milch?
2 Isst du gern frisch gebacken_____ Brot?

3 Rot_____ Fleisch ist reich an Protein.
4 Er isst jeden Abend gegrillt_____ Fisch.
5 Mir schmeckt Risotto am besten mit
italienisch_____ Reis.
6 Fettig_____ Würste sind sehr kalorienreich!
7 Ich träume von bittersüß_____ Schokolade!
8 Für dieses Rezept braucht man ungesalzen_____
Butter.

D Complete the blanks using the English prompts in
brackets.

1 _____ Bier schmeckt immer
scheußlich. (warm)
2 Meine Großmutter trinkt _____
Tee. (lukewarm)
3 _____ Essen schmeckt mir am
besten. (Chinese)
4 Trinkst du lieber _____ Wein?
(French)
5 Das Kind ist faul und liest nur
_____ Bücher. (easy)
6 Aber dafür macht es _____
Rechnungen! (complicated)
7 Ich habe viel über Deutschlands
_____ Wälder gehört. (beautiful)
8 In Bayern gibt es so viele _____
Dörfer. (picturesque)
9 Im Urlaub hat man Zeit und braucht nicht überall
mit _____ Geschwindigkeit zu
fahren. (high)
10 Jeden Tag hatten wir die Möglichkeit uns
_____ Sehenswürdigkeiten
anzuschauen. (world famous)

E Translate into German.
A holiday in Italy offers …

1 blue sky _____ blauen Himmel _____
2 golden beaches _____
3 clean sea-water _____
4 wonderful views _____
5 fascinating cities _____
6 delicious food _____
7 first class hotels _____
8 fantastic weather _____
9 friendly people _____
10 exceptional wine _____
11 refreshing lake areas _____

Reminder (3.3)

You have met three sets of adjective endings:

♦ those used with the definite article (*der/die/das*)

♦ those used with the indefinite article, etc. (*ein/eine/ein, kein*, possessive adjectives)

♦ those used when there is no article.

F Fill in the table below for each adjective, answering the following three questions each time.

♦ Which kind of adjective ending is being used – definite, indefinite or no article?

♦ What is the case?

♦ Is it plural? If not, what gender is it?

Leider gibt es bei uns in der Schule einige sehr anspruchsvolle (**1**) Lehrer. Mein eigener (**2**) Klassenlehrer zum Beispiel behauptet, dass jeder bessere (**3**) Noten bekommen kann, wenn er bereit ist, auf einiges zu verzichten. Keine langen (**4**) Fernsehabende mehr, und weniger Zeit für lustige (**5**) Ausflüge mit Freunden. Ich fürchte, er versteht die heutige (**6**) Jugend kaum. Für ihn ist vielleicht ein langer (**7**) Abend mit faden (**8**) Büchern etwas Interessantes, aber wir brauchen ein etwas spannenderes Leben!

	Type	gender	case	sing/plural
1	no article	masc.	acc.	plural
2				
3				
4				
5				
6				
7				
8				

G Translate these sentences into German.

1 Our teachers are demanding.

2 I don't like my own class teacher.

3 You need better marks!

4 Do you like to spend a long evening watching TV?

5 No, I want to go on a fun outing with friends.

6 What's up with today's youth?

7 He likes to spend a long, boring evening at home.

8 His boring books don't interest me.

H Fill in the adjective endings.

Meine Familie ist ziemlich verrückt. Zunächst hat meine lieb____(**1**) Mutter altmodisch____(**2**) Ideen und außergewöhnlich____(**3**) Ansichten. Dazu habe ich einen exzentrisch____(**4**) Vater und einen besonders individualistisch____(**5**) Bruder. Meine jüngere Schwester ist ganz eigenartig____(**6**) und die zwei älter____(**7**) sind einfach seltsam____(**8**). Kein einzig____(**9**) Mensch ist normal!

Der neu____(**10**) Freund meiner Schwester ist ein egoistisch____(**11**) Typ. Er will ständig seinen eigen____(**12**) Willen durchsetzen und kann nie der Letzt____(**13**) sein, der etwas kriegt. Er spricht stundenlang von seinen eigen____(**14**) Interessen und hat nicht einmal die geringst____(**15**) Vorstellung, dass das für uns alles langweilig____(**16**) ist!

Mein Freund, auf der ander____(**17**) Seite, ist ganz toll____(**18**)! Er bringt mir die schönst____(**19**) Geschenke, hat immer eine lustig____(**20**) Geschichte zu erzählen und ist nie wegen blöd____(**21**) Dinge beleidigt. Ich glaube, wir haben ein perfekt____(**22**) Verhältnis!

I Translate these sentences into German.

1 My mother's ideas are old-fashioned.

2 I get on well with my eccentric father.

3 I have two older brothers.

4 My sister has a new boyfriend.

5 I think he's self-centred.

6 I love my great new boyfriend.

7 He gives me lovely presents.

8 His funny stories are never-ending.

25

Interrogative and demonstrative adjectives

Orientierung, page 11 & Unit 8, page 95
Grammar 3.2, page 156

Reminder

Demonstrative adjectives include *dieser* (this), *jener* (that) and *jeder* (each, every)

Welcher (which) is an interrogative adjective, used for asking questions.

A Translate the sentences into English.

1 Ist diese Plastiktasche umweltfreundlich?

   _____

2 Warum gehst du nicht mit jenem Korb einkaufen?

   _____

3 Jeder soll auf die Umwelt achten!

   _____

4 In welchem Laden gibt's Bioprodukte?

   _____

5 Diese Produkte sind gesünder als jene.

   _____

6 Welche Infoblätter stammen von Greenpeace?

   _____

Reminder

All four words follow the pattern of the definite article:

	masc.	fem.	neuter	plural
nom	dieser	diese	dieses	diese
acc	diesen	diese	dieses	diese
dat	diesem	dieser	diesem	diesen
gen	dieses	dieser	dieses	dieser

B 'This' or 'that'? Fill in the gaps.

1 Diese Dosen sind leicht zu recyceln, aber _____ nicht.

2 In dieser Stadt gibt's eine Sammelstelle, aber in _____ nicht.

3 Diese Schüler sind umweltbewusst, _____ aber nicht!

4 Jene Spülmittel sind nicht phosphatfrei. Ich kaufe liebe _____

5 Welches Recyclingpapier ist dir lieber? _____ oder _____?

6 Hat jenes Auto einen Katalysator? _____ hat leider keinen!

C Choose the correct alternative.

1 (Jeder/Jeden) Einzelne soll etwas für die Umwelt tun.

2 In (jedem/jeder) kleinen Gemeinde gibt es Sammelstellen.

3 (Jedes/Jeden) Waschmittel soll abbaubar sein.

4 Die öffentlichen Verkehrsmittel sind doch für (jeden/jedes) da!

5 Die Umwelt ist die Verantwortung (jedes/jeden) Einzelnen.

6 (Jede/Jedes) Land soll umweltfreundliche Gesetze einführen.

D Supply the correct form of *welcher* each time.

1 Mit _____ Waschmittel sind Sie zufrieden?

2 _____ Produkte sollen wir nehmen?

3 In _____ Geschäften sieht man den grünen Punkt?

4 _____ Fluss war früher total verschmutzt?

5 Von _____ Firmen kamen die unsauberen Abwässer?

6 _____ Organisationen haben den Rhein wieder sauber gemacht?

Reminder

If there is an adjective included in the phrase, it takes the *der/die/das* endings.

E Add in all the endings.

1 Jed_____ einzeln_____ Land soll mitmachen!

2 Mit welch_____ deutsch_____ Experten haben Sie gesprochen?

3 Ist jed_____ klein_____ Loch in der Ozonschicht wirklich wichtig?

4 Was ist die Meinung jen_____ amerikanisch_____ Professors?

5 Dies_____ so genannt_____ Experten ärgern mich!

6 Wird Krebs tatsächlich durch dies_____ angeblich harmlos_____ Produkte verursacht?

Adverbs

Z1 Unit 4, page 49
Z1 Grammar 3.4, page 156

Reminder (3.4.1)

Adverbs tell you how something is done – well, efficiently, badly, etc. In German any adjective can be used as an adverb. No alteration is needed.

A Underline the adverb in each sentence and put a translation for it into the brackets at the end.

1 Annika lernt für das Abitur, aber sie entspannt sich auch regelmäßig. (_____)

2 Wenn sie dabei Musik hört, kann sie besonders intensiv lernen. (_____)

3 Marika und Silvio, beide Vegetarier, essen immer gesund. (_____)

4 Lisa lebt gern unabhängig, da sie jetzt essen kann, was sie will. (_____)

5 Annika kann sich nur in der Frühe gut konzentrieren. (_____)

B Put the suggested adverb into each gap.

1 Pommes und Hamburger? Nein danke, ich esse lieber _____ (healthily).

2 Ich koche gern Pasta oder Pommes – Hauptsache, es geht _____ (quickly)!

3 Nicht fit? Du sollst dich _____ bewegen (regularly)!

4 Es ist immer laut bei uns im Haus. Ich kann nie _____ schlafen (well).

5 Die Hausaufgaben sind schwer. Ich muss mich _____ konzentrieren (intensively).

6 Die Umgebung ist ruhig. Hier kann man sich _____ entspannen (totally)!

Reminder (3.4.4)

Adverbs are single words, but there are also adverbial phrases, where several words describe the action of the verb.

C Underline the adverbial phrase each time and put an English translation in the brackets.

Du tust alles <u>mit zu viel Hast</u>.

(_____*too quickly*_____)

1 Sei doch vorsichtig. Du machst alles mit Eile. (_____)

2 Sie ist klug und erledigt alles auf intelligente Weise. (_____)

3 Meine Großmutter tat alles in der besten Absicht. (_____)

4 Ich hatte es eilig, aber sie wollte es ohne Hast tun. (_____)

5 Sie können auf Wunsch das alte Schloss besichtigen. (_____)

Reminder (3.4.2, 3.4.3)

There are different categories of adverb:

◆ Adverbs of time, saying when something happened

◆ Adverbs of manner, saying how something was done

◆ Adverbs of place, saying where it happened.

D Underline the adverb in each sentence and write in the brackets what kind of adverb it is.

Kannst du das jetzt <u>endlich</u> mal machen?

(_____*time*_____)

1 Er macht alles sehr gründlich. (_____)

2 Tue das bitte sorgfältig. (_____)

3 Er klettert nach oben, um eine bessere Aussicht zu haben. (_____)

4 Die meisten Europäer fahren nie in die Dritte Welt. (_____)

5 Sie steht drüben und wartet auf ihre Kinder. (_____)

6 Wenn es sonnig ist, liest sie draußen im Garten. (_____)

7 Er sieht seine Verwandten nur selten. (_____)

Reminder

If there is more than one adverb or adverbial phrase in a sentence they go in this order:

time, manner, place. (See page 73 for further practice.)

Comparatives and superlatives

Z1 Unit 4 page 51
Z1 Grammar 3.5 & 3.6, pages 157–158

Reminder (3.5.1)

Comparatives are used to compare two things and to say that one is bigg**er**, **more** expensive or **better** quality than another. To form the comparative of any regular adjective, add -er and the appropriate adjective ending.

A Underline the comparative adjective in each sentence and write *falsch* or *richtig* at the end of each sentence.

1 Produkte aus dem Bioladen sind oft teurer als im Supermarkt. _____

2 Biogemüse macht dicker als normales. _____

3 Pommes sind fettig, aber ein Hamburger mit Pommes ist noch fettiger. _____

4 Laufen macht fitter als Autofahren. _____

5 Vegetarisches Essen ist immer kalorienärmer als Fleischgerichte. _____

6 Rauchen ist schlechter für die Gesundheit als ein bisschen Rotwein zu trinken. _____

B Put a comparative adjective in each gap to complete the sentences.

Gesundes Essen ist wichtig, aber genug Bewegung ist noch _____*wichtiger*_____.

1 Du meinst, ich bin faul? Du selber bist _____.

2 Schwimmen ist entspannend, aber eine Dampfsauna ist noch _____.

3 Die Schule ist stressig, aber die Arbeit ist noch _____.

4 Geschäftsleute sind gestresst, aber Eltern sind _____.

5 Süßigkeiten sind schlecht, aber ich finde fettiges Essen ist noch _____.

Reminder (3.5.5)

◆ To say 'just as ... as' use *genauso ... wie* or *ebenso ... wie*.

Bananen sind genauso gesund wie Orangen.

◆ To say 'not as ... as' use *nicht so ... wie*.

Hamburger sind nicht so gesund wie Karotten.

C Translate into English on separate paper.

1 Schokolade ist leider nicht so gesund wie Obst.

2 Frisches Obst ist genauso voll mit Vitaminen wie Vitaminpillen.

3 Naturkost ist überhaupt nicht so schmackhaft wie Fast Food.

4 Meine Tochter macht schon wieder eine Schlankheitskur, aber sie ist genauso schlank wie ihre Freundinnen.

5 Du achtest genauso sehr auf deine Linie wie ein Supermodel!

6 Unsere Kinder trinken zu viele süße Getränke, aber nicht so viele wie ihre Klassenkameraden.

D Write out full sentences suggested by the prompts.
= translates as 'just as'
≠ translates as 'not as'

Fernsehen ≠ Musik   (*entspannend*)
Fernsehen ist nicht so entspannend wie Musik.

1 Fastfood ≠ Naturkost   (*gesund*)

2 Spaziergänge in der Natur = ein Bad mit aromatischen Ölen   (*entspannend*)

3 Kosmetische Beratung = Massage   (*teuer*).

4 Joggen ≠ Aerobics   (*anstrengend*)

5 Getreideflocken ≠ viele andere Frühstücksprodukte   (*zuckerhaltig*)

6 Käse = Rindfleisch   (*fettig*)

1 _____

2 _____

3 _____

4 _____

5 _____

6 _____

Reminder (3.5.2)

Superlatives are used to compare three or more things and say which is the bigg**est**, **most** expensive or **best** quality. To form the superlative of an adjective add -st (or -est when needed for pronunciation) followed by the normal adjective endings.

billig = cheap

das billigste = the cheapest (singular, referring to a neuter noun)

E Choose a word from the box to complete each sentence.

> teuerste   kleinsten   billigste   fleißigsten

1 Welches Recyclingpapier kaufe ich? Natürlich das _____!
2 Das schnellste Auto ist auch das _____!
3 Die Schüler mit den besten Noten sind meistens die _____.
4 Die _____ Kinder brauchen natürlich mehr Hilfe als die anderen.

F Use the prompt adjective to form a superlative to fill the gap.

1 Ich finde, die roten Rosen sind die _____. (*schön*)
2 Die _____ Perlen kosten unheimlich viel. (*fein*)
3 Stimmt es, dass junge Männer die _____ Autofahrer sind? (*gefährlich*)
4 Das ist wohl das _____ Kleid, das ich je gesehen habe. (*hübsch*)

Reminder (3.5.3)

A number of adjectives add an umlaut when forming the comparative and superlative. For example *lang* becomes *länger. Kurz, warm, groß, gesund, rot, kalt, warm, jung* and *alt* follow a similar pattern.

G Translate into German on separate paper.

1 Is your brother younger than you?
2 What was his biggest mistake?
3 We live in the village's oldest house.
4 Which apples are the reddest?
5 Do you like the shorter skirt?

Reminder (3.5.4)

Irregular comparative and superlative adjectives include:

♦ gut, besser, das beste

♦ hoch, höher, das höchste

♦ nah, näher, das nächste

H Fill the gaps by adapting the word in brackets.

1 Die schottischen Berge sind schön, aber unsere sind _____ (*higher*).
2 Deine Noten sind immer _____ (*better*) als meine.
3 Der Fluss ist nicht weit, aber der Teich ist _____ (*nearer*).
4 Was ist die _____ (*best*) Lösung?

Reminder (3.6.1)

Adverbs follow a similar pattern to adjectives in the comparative and superlative.

> schnell = *quick*   schneller = *more quickly*
> am schnellsten = *most quickly*

I Fill the gaps, following the prompts.

1 Wer kann das _____ (*most quickly*) machen?
2 Die Prüfungen kommen. Du sollst _____ (*more intensively*) lernen.
3 Du machst Fehler. Lies das _____ (*more carefully*).
4 Ich muss versuchen, _____ (*more tidily*) zu schreiben.

Reminder (3.6.2)

Irregular adverbs include:

♦ gern, lieber, am liebsten

♦ gut, besser, am besten

♦ viel, mehr, am meisten

♦ bald, eher, am ehesten

J Translate into German on separate paper.

1 Who sings the best in this class?
2 Which do you prefer doing?
3 What would they most like to do?
4 Does he play the piano well?

Revision of adjectives and adverbs

Wie war der Urlaub?

A These remarks were made when the Bohne family were browsing through holiday brochures. Fill in the endings.

1 Dies_____ Hotel hat eine Sauna, aber in jen_____ gibt's ein ganzes Fitness-Zentrum.
2 In welch_____ Broschüre gibt's schönere Bilder?
3 Welch_____ Manager sieht freundlicher aus?
4 Dies_____ Preise sind nicht sehr günstig.
5 Ja, aber schau dir doch jen_____ Zusatzkosten an!

B Complete the list of things Frau Bohne is planning to pack.

mein Rock – lang
_____ mein langer Rock _____

1 meine Strandschuhe – bemalt
_____

2 mein Hemd – gestreift
_____

3 mein Badetuch – riesig
_____

4 mein Roman – spannend
_____

5 meine Tasche – geräumig
_____

6 mein Handy – schwarz
_____

C The holiday was a disappointment. Nothing was as good as last year. Write out the sentences.

Der Strand – schmutzig
_____ Der Strand war schmutziger als letztes Jahr. _____

1 Das Wasser – kalt
_____

2 Die Andenken – teuer
_____

3 Der Weg zum Strand – lang
_____

4 Das Wetter – grässlich
_____

5 Das Hotel – schäbig
_____

D More comparisons with last year! Write the sentences suggested by the symbols.

> more … than
< not as … as
= just as … as

Die Aussichten < schön
_____ Die Aussichten waren nicht so schön. _____

1 Das Restaurant = klein und schlecht beleuchtet
_____
_____

2 Die Kellner < höflich
_____
_____

3 Die Unterhaltung am Abend = uninteressant
_____
_____

4 Die Sauna < warm
_____
_____

5 Die Bar = ungemütlich
_____
_____

6 Der Manager > arrogant
_____
_____

E Translate into German.

1 We stayed in the best hotel in the town.
_____
_____

2 We paid the highest prices.
_____
_____

3 It was the coolest week in August.
_____
_____

4 The other guests were the most unfriendly people in the world!
_____
_____

5 And the biggest disappointment was the staff. So rude!
_____
_____

Der Austausch

F A German school party is preparing to come on exchange to England. Fill the gaps in the conversations with suitable possessive adjectives.

1   Mother to daughter
Vergiss nicht (1)_____ Tagebuch! Und lass uns bitte die Telefonnummer (2)_____ Brieffreunds da. Die hat er in (3)_____ letzten Brief geschrieben, nicht? Schreib mal bitte auf, wie (4)_____ Eltern heißen und auch (5)_____ Schwester. Wir sollten etwas über (6)_____ Familie wissen!

2   Mother to friend
(1)_____ Tochter ist für eine Woche nach England gefahren. Gleich nach (2)_____ Abfahrt ist mir aufgefallen, dass das Haus ohne (3)_____ laute Musik und (4)_____ endlosen Telefongespräche ganz still ist. Sie hat natürlich einiges vergessen: (5)_____ Fotoapparat, (6)_____ englisches Wörterbuch und sogar (7)_____ Kontaktlinsen. Wenigstens habe ich selber (8)_____ Brille in (9)_____ Koffer getan!

3   Teacher on the coach
Ich hoffe, ihr habt alle (1)_____ Pässe mit. Und dass ihr nicht nur (2)_____ Brieffreunden mindestens einmal geschrieben habt, sondern auch (3)_____ Eltern gebeten habt, ein kleines Geschenk zu besorgen. Und hat auch jeder (4)_____ Mittagessen dabei?

4   One pupil to another
Ich hoffe, ich werde (1)_____ Brieffreund mögen und dass (2)_____ ganze Familie nett ist. Sonst wird mir (3)_____ eigene Familie fehlen. Weißt du, ich verstehe mich nicht immer gut mit (4)_____ Eltern, aber wenn ich im Ausland bin, vermisse ich sie schon!

G Read the impressions of the trip to England and fill in the missing adjective endings.

1   Für mich waren zehn Tage als Gast bei einer englisch(1)_____ Familie ein echt spannend(2)_____ Erlebnis. Der ganz(3)_____ Lebensstil war total unerwartet(4)_____. Vom spät(5)_____ Aufstehen – erst um halb acht! – bis zur ganztägig(6)_____ Schule und auch dies(7)_____ komisch(8)_____ Schuluniform, alles war ganz anders.

2   Ich habe schön(1)_____ Erinnerungen an den toll(2)_____ Aufenthalt. So viele Sachen: heiß(3)_____ Toast, frisch(4)_____ Milch gleich an die eigen(5)_____ Haustür geliefert, die kleinst(6)_____ Kinder in ihrer schick(7)_____ Schuluniform, dies(8)_____ verrückt(9)_____ Idee, auf der link(10)_____ Seite zu fahren, die so genannt(11)_____ Lollipop Ladies, die an jed(12)_____ Grundschule für das sicher(13)_____ Überqueren der Straße verantwortlich sind. Solch(14)_____ Sachen sind ja unvergesslich!

H Fill the gaps in these comparisons between the two countries.

1   Die Deutschen fangen _____ *(earlier)* mit Fremdsprachen an!

2   Ich glaube, sie lernen sie auch _____ *(more intensively).*

3   Zum Frühstück essen die Engländer _____ *(more healthily).*

4   Aber abends leben sie _____ *(more dangerously)* mit Gerichten, die _____ *(fattier)* und _____ *(sweeter)* sind.

5   Sie sind _____ *(not so hard-working)* – die Schule beginnt erst um neun!

6   Quatsch! Dafür haben sie am Nachmittag viel _____ *(later)* Unterricht!

7   Und wer hat die _____ *(hardest)* Hausaufgaben? Da bin ich nicht sicher.

8   Und wer ist _____? *(friendlier)* Unmöglich zu sagen.

9   Ich finde die Engländer _____ die Deutschen. *(just as friendly as)*

Pronouns

Reminder

- Use *du* to address one person you know well; a friend, another student and young people in general.
- Use *ihr* to address two or more people you know well.
- Use *Sie* to one or more people older than yourself or in authority such as a teacher or a boss.
- If in doubt, use *Sie*.

A Write *du, ihr* or *Sie* in the space provided to show which form of address you would use in each situation. Sie sprechen …

1 … mit zwei kleinen Kindern   _____
2 … mit einer jungen Verkäuferin   _____
3 … mit Ihrem Bruder   _____
4 … mit Ihren Eltern   _____
5 … mit einem Lehrer   _____
6 … mit einem neuen Schüler   _____

Reminder

The personal pronouns are: *ich, du, er, sie, es, wir, ihr, Sie,* and *sie.* They alter according to case.

nom	ich	du	er	sie	es	wir	ihr	Sie	sie
acc	mich	dich	ihn	sie	es	uns	euch	Sie	sie
date	mir	dir	ihm	ihr	ihm	uns	euch	Ihren	ihnen

B Fill the gaps with the correct form of *ich* or *du*.

1 Kannst du _____ abholen?
2 Soll ich _____ abholen?
3 Gib _____ deine Hand.
4 Soll ich _____ die Marmelade reichen?
5 Solltest _____ vielleicht gleich abfahren?

C Fill in the gaps with the correct form of *er, sie* or *es*.

1 Ich verstehe mich nicht gut mit _____ *(him)*.
2 Das sollst du _____ *(her)* gleich erzählen.
3 Ich sehe _____ *(her)* mindestens zweimal am Tag.
4 Ich habe lange gesucht, konnte _____ *(him)* aber nicht finden.
5 Er findet _____ *(it)* gar nicht so leicht!

D Fill the gaps using the correct form of *wir, ihr, Sie* or *sei*. Die Zwillinge bitten ihre Mutter um Geld:

1 Mutti, gib _____ bitte noch eine Mark.
2 Ich habe _____ schon gesagt – keinen Pfennig mehr!
3 Aber _____ wollen doch Süßigkeiten kaufen!
4 _____ esst sowieso zu viele.
5 Ja, aber die schmecken _____ !

E This exercise mixes all the forms of personal pronouns.

Mutter: Ich sage es (**1**)_____, Otto, unsere Bettina wird langsam unmöglich.

Vater: Was ist mit (**2**)_____?

Mutter: Du weißt, sie hat einen neuen Freund. Ich glaube, (**3**)_____ hat einen schlechten Einfluss auf (**4**)_____ .

Vater: Ach, wirklich? Ich persönlich habe nichts gegen (**5**)_____ .

Mutter: Zwischen mir und (**6**)_____ läuft es gar nicht so gut. (**7**)_____ finde ihn höchst unsympathisch.

Vater: Vielleicht sollst (**8**)_____ dich mit (**9**)_____ in eine ruhige Ecke setzen und darüber reden.

Mutter: Ja, aber wann? Die beiden haben nur Zeit für einander und nie für (**10**)_____ .

Vater: (**11**)_____ musst die Zeit dazu finden. Ich verspreche (**12**)_____ , du wirst (**13**)_____ mehr mögen, wenn du (**14**)_____ besser kennst!

Mutter: Na ja, (**15**)_____ hast wohl Recht!

Reflexive pronouns
Z1 Grammar 4.3, page 158

Reminder

Reflexive pronouns are used with reflexive verbs (see 5.2) and also to mean 'myself', 'yourself', 'himself' and so on. They are used in the nominative, accusative and dative cases:

nom	acc	dat
ich	mich	mir
du	dich	dir
er/sie/es	sich	sich
wir	uns	uns
ihr	euch	euch
Sie	sich	sich
sie	sich	sich

Reminder (5.2)

A few reflexive verbs use the dative form of the reflexive pronoun. Use the accusative if the pronoun is a direct object and the dative if it is an indirect object.

Ich wasche **mich**.   direct object

Ich wasche **mir** die Hände.   indirect object
                    The direct object is *Hände*.

A Insert the appropriate reflexive pronouns.

1 Fürchten Sie _____ nicht vor dem Hund!
2 Ich wasche _____ zweimal am Tag.
3 Wo befindet _____ die nächste Apotheke?
4 Mit wem habt ihr _____ unterhalten?
5 Wie oft rasierst du _____?
6 Die Kinder freuen _____ darüber.
7 Da irren wir _____ vielleicht!

B Use the following verbs once each to complete the sentences:

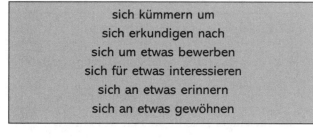

sich kümmern um
sich erkundigen nach
sich um etwas bewerben
sich für etwas interessieren
sich an etwas erinnern
sich an etwas gewöhnen

1 _____ du _____ für Beethoven?
2 Er muss _____ danach _____.
3 Sie _____ nur um sich selbst!
4 Ich _____ _____ um eine neue Stelle.
5 Ich fürchte, die beiden _____ _____ nicht mehr an uns!
6 _____ ihr _____ mit der Zeit an das neue Haus?

C Put the correct form of the reflexive pronoun into each gap.

1 Kaufst du _____ die neue CD von Britney Spears?
2 Du musst _____ die Zähne putzen!
3 Sie hat _____ die Haare gewaschen.
4 Hast du _____ die Haare schneiden lassen?
5 Ich ruhe _____ nach der Arbeit zuerst aus.

D This exercise mixes all the points made on this page. Fill in the gaps!

1 Hier hat _____ alles geändert.
2 Kauf _____ doch etwas Schönes! Du bist sehr fleißig gewesen.
3 Er bildet _____ ein, er wird eines Tages sehr reich sein.
4 Irrst du _____ nicht?
5 Ich wasche _____ schnell die Hände.
6 Wir unterhalten _____ immer recht lange!
7 Überleg es _____ noch einmal.
8 Freut ihr _____ auf die Ferien?

E Circle the correct pronoun:

1 Bevor ich zum Vorstellungsgespräch gehe, muss ich mich/mir dringend die Haare waschen.
2 Wenn du neu in einem Betrieb arbeitest, musst du dich/dir bei deinen neuen Kollegen unbedingt sofort vorstellen.
3 Kannst du dich/dir die Atmosphäre beim Münchener Oktoberfest vorstellen?
4 Wenn du diese Stelle annimmst, dann verkaufst du dich/dir unter deinem Preis.
5 Ich muss mich/mir zu meinem Betriebspraktikum bei einer deutschen Bank unbedingt ein neues Kostüm kaufen.

Relative pronouns

Z1 Unit 3 page 43
Z1 Grammar 4.4, page 158

Reminder

Relative pronouns mean 'who' or 'which/that' and are used to join simple sentences together.

A Match up the sentence halves.

1 Der Wagen, der
2 Der Lehrer, der
3 Die Frau, die
4 Die Ärztin, die
5 Das Mädchen, das
6 Das Café, das

a Latein unterrichtet, ist klug.
b mich behandelt, ist humorlos.
c an der Ecke steht, ist teuer.
d die blaue Jacke trägt, ist meine Tante.
e vor seinem Haus steht, gehört seinem Vater.
f neben mir in der Schule sitzt, versteht nicht immer alles.

1	2	3	4	5	6

Reminder (8.5.1)

The verb goes to the end of a relative clause. Relative clauses often produce a pattern of **verb, verb** in the middle of the sentence.

B Join these pairs of sentences to make one longer sentence. Remember the pattern of verb, verb.

Dieser Sport **ist** ein riesiges Geschäft.
+ Dieser Sport **schafft** viele Arbeitsplätze.
Dieser Sport, der ein riesiges Geschäft ist, schafft viele Arbeitsplätze.

1 Basketball ist die beliebteste Sportart.
+ Basketball ist ein Sport für Jugendliche.
= Basketball, der _____

2 Fußball bringt einen ins Schwitzen.
+ Fußball verbrennt 250 Kalorien die Stunde.
= Fußball, der _____

3 Rund 12 Millionen Sportler gelten als nicht organisiert.
+ Rund 12 Millionen Sportler gehören keinem Verein an.
= Rund 12 Millionen Sportler, die _____

4 Einige Leute wollen schlank werden.
+ Diese Leute sollen Langlauf machen.
= Leute, die _____

5 Ein typischer ostdeutscher Haushalt hat vier Personen.
+ Ein typischer ostdeutscher Haushalt gibt durchschnittlich 1270 Euro für Sport und Erholung aus.
= Ein typischer ostdeutscher Haushalt, der _____

C Complete these sentences in your own words.

1 Leute, die nicht genug Sport treiben, …

2 Basketball, der ein Trendsport ist, …

3 Die Ausrüstung, die man zum Skilaufen braucht, …

4 Diejenigen, die fit bleiben wollen, …

5 Heute kann der Manager, der nicht fit ist, …

6 Jugendliche, die sich weniger für traditionelle Sportarten interessieren, …

7 Die Mannschaft, mit der …

8 Der Spieler, der …

9 Federball, den ich …

10 Die Olympischen Spiele, die …

Reminder (4.4.1)

There are relative pronouns for each gender and case. The relative pronoun:

- ◆ agrees in number and gender with the noun to which it refers
- ◆ takes its case from the role it plays within the relative clause
- ◆ must have a comma before it
- ◆ sends the verb to the end of the clause

Relative pronouns in all four cases look like this:

	masc	fem	neuter	plural
nom	der	die	das	die
acc	den	die	das	die
dat	dem	der	dem	denen
gen	dessen	deren	dessen	deren

D Underline the relative pronoun and translate these sentence beginnings into English.

1 Der Tag, <u>den</u> ich letzte Woche in Chamonix verbrachte …

_____

2 Airtours, deren Broschüre einen Tag in Chamonix anbietet …

_____

3 Airtours, die Gesellschaft mit der ich nach Chamonix flog …

_____

4 Der Flug, der weniger als zwei Stunden dauerte, …

_____

5 Der Skilehrer, bei dem ich vier Stunden Unterricht hatte, …

_____

6 Der frische Schneegeruch, den ich noch in der Nase habe …

_____

E Which case would you need to translate each of the underlined words?

1 The footballer <u>whom</u> I saw... __acc__

2 The man <u>whose</u> skis were stolen _____

3 The ball <u>with which</u> he scored the winning goal. _____

4 The golf club <u>which</u> is just outside the city. _____

5 The boy <u>to whom</u> I passed the ball. _____

6 The medal, <u>which</u> he won at the tournament. _____

F Insert the appropriate phrase from the box into the middle of each sentence and translate into English.

1 Ein Tourist, _____ _____ hat große Schwierigkeiten.

2 Die Touristen, _____ _____, suchten alle Sonne, Meer und blauen Himmel.

3 Der Reiseleiter, _____ _____, scheint viel Erfahrung zu haben.

4 Das Festland Spaniens, _____ _____, wird viel von deutschen Touristen besucht.

> den ich erst gestern kennen lernte
> mit denen ich nach Spanien fuhr
> das besonders attraktiv ist
> dessen Pass verloren geht

G Choose the correct relative pronoun from the box to complete each sentence.

> die   die   die   deren

1 Die Deutschen, _____ Urlaub im Ausland machen, planen diesen meistens schon im Januar.

2 Viele Deutsche, _____ beliebteste Ferienziele Spanien und die Balearen sind, wollen in die Sonne fahren.

3 Einige deutsche Urlauber, für _____ günstige Preise wichtig sind, fahren in die Türkei und nach Griechenland.

4 Die Länder China und Japan, in _____ viele 18–24-Jährige fahren, sind mit der Zeit beliebter geworden.

Possessive pronouns

Z1 Grammar 4.5, page 159

Reminder

Possessive adjectives can be used as pronouns, i.e. without a noun. The forms follow the pattern of possessive adjectives except that the masculine ends in -er in the nominative and the neuter forms end in -es in the nominative and accusative.

Examples of the nominative form are:

masc.	fem.	neuter	plural
meiner	meine	meines	meine
ihrer	ihre	ihres	ihre

– Dein Hund ist älter als **meiner**.
– Ja, aber dafür ist **meiner** gesünder!

A Two children are boasting to one another. Fill in the word for 'yours' every time.

1 Mein Haus ist größer als ___deines___ .
2 Mein Vater ist reicher als _____ .
3 Meine Mutter ist schöner als _____ .
4 Mein Bruder ist klüger als _____ .
5 Meine Schwestern werden besser bezahlt als _____ .
6 Mein Auto fährt schneller als _____ .
7 Meine Oma sieht jünger aus als _____ .
8 Meine Haustiere sind folgsamer als _____ .
9 Mein Garten ist besser gepflegt als _____ .
10 Meine Schulnoten sind besser als _____ .

Reminder

The endings for possessive pronouns in the other cases are:

	masculine	feminine	neuter	plural
acc.	-en	-e	-es	-e
dat.	-em	-er	-em	-en
gen.	-es	-er	-es	-er

B Complete each sentence with a version of *meiner*, paying attention to the case required.

1 Dein Kuli ist kaputt. Schreib doch mit _____ .
2 Deine Handschuhe sind verloren gegangen. Willst du _____ nehmen?
3 Hast du keine Tennisbälle mit? Morgen darfst du _____ nehmen.
4 Hast du dein Buch schon gelesen? Lies jetzt _____ .
5 Hast du kein Mittagessen dabei? Nimm doch etwas von _____ .
6 Du brauchst einen Schal? Nimm _____ .

C Fill the gaps, following the prompts.

1 Ihr Haus ist größer als _____ (ours).
2 Wenn du keinen Stuhl hast, nimm doch _____ (his).
3 Unser Auto ist kaputt. Fahren wir mit _____ (theirs).
4 Ich kann meinen Reiseführer nicht sehen. Siehst du _____ (hers)?
5 Die Bluse passt nicht zu meinem Rock, aber sie passt prima zu _____ (yours – du).
6 Mein Fahrrad ist immer kaputt, aber _____ (yours – Sie) scheint in Ordnung.
7 Ich finde unsere Taschenlampe nicht. Was habt ihr mit _____ (yours – ihr) gemacht?

D Complete each sentence using the appropriate possessive pronoun.

1 Ich kann meine Karte nicht finden. Gib mir bitte ___deine___ (yours – du).
2 Unser Haus ist ganz am Rande des Dorfes. Wo ist _____ (yours – Sie)?
3 Ich finde meinen Ordner nicht, aber Elke sagt, ich darf _____ (hers) nehmen.
4 Mein Geld ist alle. Wir sollen vielleicht mit _____ (yours – du) bezahlen!
5 Die beste Karte ist, glaube ich, nicht in Ihrem Reiseführer, sondern in _____ (ours).
6 Die Karten für das Match sind teuer. Ich habe über 50 Euro für unsere bezahlt – wie viel haben _____ (his) gekostet?
7 Ich lasse meinen Wagen reparieren. Darf ich heute Abend mit _____ (yours – ihr) fahren?
8 Deine CDs gefallen mir nicht. Wo sind _____ (mine)?

Indefinite and interrogative pronouns

Z1 Unit 3 page 45
Z1 Grammar 4.6, page 159; 4.7, page 160

Reminder (4.6.3)

Indefinite pronouns stand in place of nouns, but don't refer to anything 'definite.' Examples in English are 'someone' and 'everyone'. Two of these in German are indeclinable, that is they do not change according to gender or case. They are *etwas* (something) and *nichts* (nothing). Both can be used in phrases with adjectives: *etwas Neues* (something new).

A Find a suitable answer in the box for each question.

1 Was hatte sie zu sagen?

   _____

2 Was schenkst du ihm zum Geburtstag?

   _____

3 Was kochst du heute Abend?

   _____

4 Hast du etwas anderes? Ja, aber

   _____

5 Hast du viele Hausaufgaben? Ja, aber

   _____

| nichts Schweres   etwas Leckeres   nichts Neues |
| etwas Billiges   nichts Besseres |

B Translate into German.

1 nothing good   _____

2 something exciting   _____

3 nothing old   _____

4 something interesting   _____

Reminder (4.6.1)

The other indefinite pronouns are *jemand* (someone), *niemand* (no-one), *einer* (one), *keiner* (no-one) and *jeder* (each, everyone). *Jemand* and *niemand* add -en in the accusative and -em in the dative. The others decline like *dieser* (see 3.2).

C Fill in the correct form of the suggested indefinite pronoun.

1 Er spricht mit _____ *(jeder)*.

2 Ich wette, du wirst _____ *(niemand)* sehen.

3 _____ muss das doch machen *(einer)*!

4 Er versteht sich mit _____ *(keiner)*!

5 Er braucht _____, der ihm helfen kann *(jemand)*.

D Translate into German.

1 Everyone knows that.

   _____

2 No-one knows.

   _____

3 He talks to no-one.

   _____

4 Do you know someone in Mainz?

   _____

5 Someone must be able to do it.

   _____

6 Do you know each of them?

   _____

7 You should talk to someone.

   _____

Reminder (4.7.1)

The interrogative pronoun *wer*, meaning 'who', is also declinable.

nom	wer
acc	wen
dat	wem
gen	wessen

E Fill the gaps with the correct form of *wer*.

1 _____ ist das?

2 _____ kennst du schon in dieser Klasse?

3 Von _____ hast du das bekommen?

4 _____ Schultasche ist das?

5 Mit _____ hast du das schon besprochen?

6 _____ weiß?

7 _____ hast du in der Disko gesehen?

Revision of pronouns

A Young people leave home eventually! Fill the missing reflexive pronouns into these statements on the subject.

Eltern sprechen miteinander.

1 Wird sie richtig essen und _____ oft genug die Haare waschen?

2 Er soll nicht vergessen, _____ zu rasieren!

3 Ich glaube, sie freut _____ darüber, unabhängig zu sein!

4 Alle Jugendlichen müssen _____ daran gewöhnen, auf eigenen Füßen zu stehen.

Eltern sprechen mit ihren Teenagern.

5 Vergiss nicht, _____ ab und zu mal die Haare schneiden zu lassen.

6 Aber du fürchtest _____ doch vor der Dunkelheit!

7 Putz _____ wenigstens regelmäßig die Zähne.

8 Du meinst, du bist schon selbständig? Da irrst du _____!

Jugendliche sprechen.

9 Endlich kann ich _____ um mein eigenes Leben kümmern!

10 Ich freue _____ echt darüber!

11 Niemand wird mir sagen, ich soll _____ beeilen oder _____ die Haare schneiden lassen!

12 Ich werde _____ schnell an die neue Freiheit gewöhnen.

B Ella and her mother are discussing how she will furnish her new flat. Fill in the missing pronouns.

Mutter: Glaubst (1)_____, du hast genug Möbel für die neue Wohnung?

Ella: Ich habe schon einiges. Oma hat (2)_____ schon einen Tisch für die Küche versprochen und ich bekomme auch vier Stühle von (3)_____ . Oma und Opa haben auch so viel Bettzeug und ich hoffe, einiges von (4)_____ zu bekommen.

Mutter: Als deine Schwester ausgezogen ist, haben (5)_____ (6)_____ unseren alten Kühlschrank gegeben. Aber für (7)_____ haben wir leider keinen!

Ella: Habt (8)_____ vielleicht einige Schränke? Und ich hoffe auch Pflanzen für meinen Garten von (9)_____ zu kriegen.

Mutter: Das weiß natürlich dein Vater besser als (10)_____ . Frag (11)_____ doch!

C Ella writes some notes when planning her move. Translate these key sentences into German. Choose the word for 'you' carefully – *du*, *ihr* or *Sie*?

To the landlord:

1 Please bring me a second key.

_____

2 Have you some more light bulbs?

_____

3 Do you know the phone number of the new flat?

_____

To her parents:

4 Could you please lend me 500 euros?

_____

5 Have you seen my brown jacket?

_____

6 I'll see you at the weekend.

_____

To her sister:

7 You can have the big bedroom now!

_____

8 Have you got my Santana CDs?

_____

9 Can you please look for my blue earrings?

_____

D Some more notes! Fill in the missing possessive pronouns.

An ihre Schwester:

1 Mein neues Zimmer ist größer als _____.

2 Meine neuen Poster sind schöne als _____.

3 Meine Haarspangen sind alle weg – schick mir bitte _____.

4 Ich finde meinen schwarzen Rock nicht – darf ich _____ mitnehmen?

An ihre Eltern:

5 Mein Auto muss repariert werden. Darf ich mit
_____ nach Neustadt fahren?

6 Ich habe kein Geld für Benzin. Darf ich
_____ haben?

7 Meinen Stadtplan finde ich nicht. Darf ich
_____ mitnehmen?

E Here are Ella's descriptions of her new neighbours.
Join each pair of sentences together using a relative
clause.

Herr Flick ist Ingenieur. Er arbeitet überall in Europa.
  Herr Flick, der Ingenieur ist, arbeitet überall in Europa.

1 Herr Schmidt wohnt oben im zweiten Stock.
Er hat zwei schwarze Katzen.

_____

_____

2 Fräulein Sellers Waschmaschine ist sehr laut. Sie
stört mich sehr.

_____

_____

3 Frau Mahlmauer sieht den ganzen Tag fern. Sie
verlässt nie das Haus.

_____

_____

4 Ich kenne Herrn Martin nicht sehr gut. Er scheint
nett zu sein.

_____

_____

5 Ich spiele Federball mit Erika Gattermayer. Sie ist
ein totaler Fußballfan.

_____

_____

6 Ich habe Frau Cremer noch nie gesehen. Sie soll
nicht sehr freundlich sein.

_____

_____

7 Herr Bock ruft mich jedes Wochenende an. Er
lädt mich oft zum Abendessen ein.

_____

_____

8 Ich bekomme viele Zettel von Frau Bahr. Sie regt
sich immer über irgendetwas auf.

_____

_____

9 Frau Kohls Hund bellt sehr laut. Sie kommt erst
spät am Abend nach Hause.

_____

_____

10 Ich habe noch nie mit Herrn Lübcke gesprochen.
Er hat viele Bekannte im Wohnblock.

_____

_____

F Ella's new-found freedom includes buying a car. Fill in
the gaps in her conversation with a friend about how
to insure it. The missing words are all indefinite
pronouns or interrogative pronouns.

Ella: Also, das Versicherungsformular für mein neues
Auto. Das solltest du lesen! Das ist so
(1)_____ Unverständliches!

Peter: Du brauchst **(2)**_____, der dir das alles
erklären kann.

Ella: Ja, aber **(3)**_____? Kennst du
(4)_____, der solche Sachen versteht?

Peter: Ich kenne leider **(5)**_____, aber bei uns
in der Familie kennt sich sicher
(6)_____ aus. Geh doch zum
Versicherungsbüro. Dort muss es
(7)_____ wissen.

Ella: Ich habe schon angerufen und sie haben
behauptet, es sei **(8)**_____
Kompliziertes!

G Now translate each of the phrases you created in **F**
into English.

1 _____ *something (incomprehensible)* _____
2 _____
3 _____
4 _____
5 _____
6 _____
7 _____
8 _____

Verbs – the basics

Weak, strong, mixed and auxiliary verbs Z1 Grammar 5.1, page 160

Reminder

Many verbs are regular or weak. They have regular endings (e.g. -e, -st, -t, -en, -t, -en for the present tense) and all tenses can be formed from the infinitive form.

Reminder

Strong verbs have the same endings as weak ones in the present tense, but different ones in past tenses (pages 50 and 54). They often have a vowel change in the second and third person singular present tense:

	sehen	essen	fahren	laufen
ich	sehe	esse	fahre	laufe
du	siehst	isst	fährst	läufst
er/sie	sieht	isst	fährt	läuft

A Fill in the correct present tense form of the verb:

1 Mein Vater _____ (arbeiten) als Kraftfahrzeugmechaniker in einer Autowerkstatt.

2 Dort _____ (reparieren) er die Wagen und _____ (bestellen) Ersatzteile.

3 Meine Mutter _____ (betreuen) ältere Leute in einem Heim.

4 Meine Schwester _____ (verdienen) sich manchmal Taschengeld in diesem Altersheim.

5 Sie _____ (putzen) die Küche und _____ (saugen) im Aufenthaltsraum Staub.

6 Ich selbst _____ (servieren) in einem Restaurant.

7 Jeden Samstagabend _____ (bedienen) ich etwa vierzig Kunden.

8 Natürlich _____ (versuchen) wir alle, ein bisschen Geld für die Uni zur Bank zu bringen.

B On separate paper, put these sentences into the third person singular:

Ich sende Postkarten an meine Brieffreundin. (er)
Er sendet Postkarten an meine/seine Brieffreundin.

1 <u>Ich arbeite</u> in den Weihnachtsferien in einem Restaurant. *(sie)*

2 <u>Ich öffne</u> den Wein und <u>stelle</u> das Essen auf den Tisch. *(er)*

3 Nach dem Servieren <u>spüle ich</u> das Geschirr und <u>ich trockne</u> es ab. *(sie)*

4 <u>Ich sammle</u> die Aschenbecher und <u>leere</u> sie in den Mülleimer. *(er)*

5 Manchmal <u>bügle ich</u> die Tischtücher und die Servietten, aber dafür <u>kriege ich</u> extra Geld. *(sie)*

6 Nach der Arbeit <u>warte ich</u> vor dem Restaurant. *(mein Freund)*

C Put the verbs in brackets into the correct verb form in the present tense:

Wenn Claudia in die Stadt _____ (**1** *fahren*), _____ (**2** *nehmen*) sie den Wagen ihrer Mutter. In der Innenstadt _____ (**3** *laufen*) sie zuerst mal von Geschäft zu Geschäft, weil sie es _____ (**4** *genießen*), sich umzuschauen. Manchmal _____ (**5** *treffen*) sie eine Freundin und sie _____ (**6** *gehen*) zusammen ins Café. Diesmal _____ (**7** *helfen*) ihr die Freundin beim Einkaufen und _____ (**8** *empfehlen*) ihr eine schicke Boutique, die gerade „in" sein soll. Claudia _____ (**9** *beschließen*), ein Glitzer-T-Shirt zu kaufen. Total erschöpft _____ (**11** *kommen*) sie endlich nach Hause und _____ (**12** *lesen*) in der Zeitung, dass solche T-Shirts der letzte Schrei sein sollen. Sie _____ (**13** *raten*) ihrer Freundin, sich auch ein ähnliches zu kaufen.

D On separate paper, put these sentences into the singular, using *er* or *sie* or *man*:

1 Während der Schulzeit fahren beide Freunde mit dem Rad ins Gymnasium.

2 Im Winter laufen sie Schlittschuh auf der Eisbahn und fahren Ski im Gebirge.

3 Sie lesen auch gern: Computerzeitschriften und die Sportseiten der Tageszeitung.

4 So viel körperliche Aktivität macht Hunger: sie essen oft bei MacDonald.

Reminder

Mixed verbs are regular in the present tense, but have vowel changes and weak endings in past tenses. The mixed verb *wissen* is irregular in the present tense.

ich weiß	wir wissen
du weißt	ihr wisst
er/sie weiß	sie/Sie wissen

E Complete this passage using the verbs from the box in the appropriate form:

Viele Sprachstudenten (1)_____, dass man die Sprache nur lernt, wenn man viel Zeit im Ausland (2)_____ . Von der Schule her haben sie vielleicht noch ein paar Kontakte und (3)_____ einige Deutsche oder Österreicher bzw. Deutsch sprechende Schweizer. Wenn sie sich an den akademischen Austauschdienst (4)_____, (5)_____ man ihnen manchmal einschlägige Literatur über günstige Ferienaufenthalte. Wenn die jungen Leute genügend Mut (6)_____ und anstatt an Gefahren und Nachteile hauptsächlich an Spaß und neue Erfahrungen (7)_____, (8)_____ sie bald den Wert solcher Aufenthalte. Wer (9)_____ nicht darauf, auf so angenehme Weise Lernen und Spaß miteinander zu verbinden?

> kennen   senden   verbringen   denken   brennen
> mitbringen   wenden   erkennen   wissen

F On separate paper, translate these sentences into German, using the suggested verbs and expressions:

> Sommer in den Bergen   das beste Urlaubsland
> seine Wanderstiefel und die meisten seiner Bücher
> das Gepäck mit dem Zug
> jeden Sommer hierher kommen
> wie weit genau von zu Hause
> ein Ferienhäuschen am See mieten

1 We are spending the summer in the mountains. (*verbringen*)
2 My mother thinks Austria is the best country for a holiday. (*denken*)
3 My father brings his hiking boots and most of his books. (*mit/bringen*)

4 He sends all his luggage ahead by train. (*senden*)
5 We know the area well, since we come here every summer. (*kennen*)
6 I don't know though exactly how far it is from home. (*wissen*)
7 We rent a small villa by the lake and call it 'our paradise'. (*nennen*)

Reminder (6.1.5)

The present tense of auxiliary verbs is:

	sein	haben	werden
ich	bin	habe	werde
du	bist	hast	wirst
er/sie	ist	hat	wird
wir	sind	haben	werden
ihr	seid	habt	werdet
sie	sind	haben	werden
Sie	sind	haben	werden

G *Haben*, *sein* or *werden*? Cross out the inappropriate verb!
1 Sein Freund (ist/hat) neunzehn Jahre alt.
2 Während der Woche (wird/ist) er Schüler am Gymnasium.
3 Das Gymnasium (ist/wird) bald die beste Schule in der ganzen Stadt.
4 Wenn ich Sport treibe, (habe/werde) ich immer sehr hungrig.
5 Nach dem Fußballspiel (hat/wird) er großen Durst.
6 Ich möchte später Jurist (haben/werden).

H Fill the gaps with the correct form of *haben*, *sein* or *werden*:
1 Meine beste Freundin _____ einen Bruder.
2 Der große Junge da _____ ihr Bruder.
3 Er möchte später Arzt _____ .
4 In zwei Jahren, wenn wir mit der Schule fertig _____, _____ wir bestimmt schon auf der Uni.
5 Meine Freundin _____ aber die Absicht, nach dem Abi erst mal ein Jahr auszusetzen.
6 Sie _____ fest entschlossen, erst einmal in der Welt herumzureisen, um reifer zu _____ .

Verbs – the basics

Reflexive verbs

Reminder

Many verbs are reflexive in German but not in English:

See also page 33.

| sich an/ziehen | to get dressed |
| sich erinnern an | to remember |

A Insert the correct form of the reflexive verb:
1. Hamburg _____ _____ im Norden Deutschlands. (sich befinden)
2. Wir _____ _____ nicht mehr an das geteilte Berlin. (sich erinnern)
3. _____ du _____ auf deinen nächsten Deutschlandaufenthalt? (sich freuen)
4. Die neue Schülerin _____ _____, vor ihren Klassenkameraden Deutsch zu sprechen. (sich weigern)
5. _____ Sie _____ mit den Einheimischen! (sich unterhalten)
6. So können Sie _____ gut _____. (sich weiterbilden)
7. Meine Geschwister und ich _____ _____ im Allgemeinen nicht oft. (sich streiten)
8. Man _____ _____ wunderbar an den bayrischen Bergseen. (sich erholen)

B On separate paper, answer these questions, using the phrases suggested in brackets:
1. Wie erklären Sie Ihrem Vater, was Sie mit Ihrem Taschengeld machen? (ich – sich kaufen – neue Klamotten, Getränke und Geschenke)
2. Wie erklären Sie Ihrem Lehrer, dass Sie eine bestimmte Vokabel vergessen haben? (ich – sich erinnern an – nicht – dieses Wort)
3. Als Aupairmädchen/junge in Deutschland erklären Sie dem Sohn Ihrer Gastfamilie, was er vor dem Essen zu erledigen hat. (du – sich die Haare kämmen – sich die Hände waschen – sich einen frischen Pulli anziehen)
4. Ihr Deutschlehrer befürchtet, dass Sie Ihren Aufsatz nicht rechtzeitig abgeben. Was antworten Sie? (ich – sich beeilen – wirklich)

Impersonal verbs and verbs with dative objects

Reminder

There are many impersonal verbs in German. These have the subject *es*:

es geht mir gut — *I am well*
es tut mir Leid — *I am sorry*

Often, what would be the subject in English is expressed in German in the dative case:

Es geht **meinen Eltern** gut. — *My parents are well.*
Es tut **den Jungen** Leid. — *The boys are sorry.*

Some of these verbs can be used with other subjects and agree with them in the normal way:

Die Aufgaben einer Luftstewardess gefallen ihr nicht. *She does not like the duties of an air hostess.*

C Translate these sentences into English on separate paper:
1. Es gelingt ihm, ein Stipendium für einen Auslandsaufenthalt zu bekommen.
2. Wir bekommen nicht so gute Noten im Mündlichen; es fehlt uns an Sprachpraxis.
3. Alle vorgeschlagenen Termine für ein Betriebspraktikum passen euch nicht.
4. Das Essen in der Schulkantine schmeckt uns nicht besonders.

D On separate paper, rewrite these sentences using verbs that take the dative:
   Der Termin ist für mich nicht so günstig. (passen)
   Der Termin passt mir nicht.
1. Er mag die deutsche Oberstufe mit ihrer breiteren Bildungsbasis. (gefallen)
2. Ich habe nicht genug Geld, um die Studienreise mitzumachen. (fehlen)
3. Die neue Uniform sieht gut an Ihnen aus. (stehen)
4. Als in ihrer Schule die Heizung ausfiel, froren sie sehr. (kalt sein)
5. Dein Kleid für den Abiturball ist genau das richtige für dich. (stehen)
6. Sie hat nichts dagegen, eine reine Mädchenschule zu besuchen. (ausmachen)
7. Ihr könnt nach dem Abitur ein Jahr aussetzen, wenn ihr das möchtet. (frei/stehen)

42   Copyright OUP: photocopying prohibited

Modes of address

Z1 Grammar 4.1, page 157

Reminder

There are three ways of addressing people:

du singular, familiar

ihr plural, familiar

Sie singular or plural, formal

Don't forget to change personal pronouns and possessive adjectives as appropriate. See pages 20 and 32.

E Change these sentences to either the plural (*ihr*) or the polite (*Sie*) form of address:

1 Seit wann besuchst du schon diese Schule? *(ihr)*

2 Du versuchst bestimmt, einen tollen Notendurchschnitt im Abi zu erreichen. *(ihr)*

3 Du möchtest dir sicher sein, dass dein Kind auch wirklich in eine Schule geht, die seine besonderen Fähigkeiten fördert. *(Sie)*

4 Du wirst mit dem Prüfungsstress ziemlich gut fertig. *(ihr)*

5 Bei dieser Firma wirst du fantastische Aufstiegsmöglichkeiten haben. *(Sie)*

6 Wenn du eine deutsche Schule besuchst, musst du drei Jahre lang in der Oberstufe bleiben. *(ihr)*

7 Mit dem Erasmus-Programm kannst du überall in Europa leicht Studienplätze finden. *(Sie)*

F Decide which form of address is appropriate. Rewrite the sentences, changing the infinitives to the correct verb form and inserting the appropriate possessive adjectives and personal pronouns:

Du und deine Freunde, wie viel Zeit *(verbringen)* täglich mit den Schulaufgaben?

Du und deine Freunde, wie viel Zeit verbringt ihr täglich mit den Schulaufgaben?

1 Hans-Peter, was *(wissen)* über berühmte Österreicher?

2 Herr Scholte, *(unternehmen)* mit uns eine Studienreise nach Berlin?

3 Deine Klasse und du, *(fahren)* doch sicher dieses Jahr im Urlaub wieder in (...) Landschulheim.

4 *(Können)* mir bitte sagen, nach welchen Kriterien *(korrigieren)* diese deutschen Aufsätze, Frau Reichert?

G Rewrite this paragraph on separate paper, first to Familie Schulz and Paul (using *ihr*) and then to Herr and Frau Schulz (using *Sie*).

Lieber Paul,

Eine Woche ist es her, dass du mich wieder zum Flughafen gebracht hast. Du hast dir während meines Deutschlandaufenthaltes viel Mühe mit mir gemacht und hast mir alles Mögliche gezeigt. Deine Gastfreundschaft war einfach einmalig und nichts war dir zu viel. Du hast mich auch toll verköstigt und dein Essen hat mir bestens geschmeckt. Erinnerst du dich daran, wie viel Spaß wir am letzten Abend gehabt haben? Du siehst sehr lustig aus auf den Bildern, die du mir zugeschickt hast. Hat dir der Austausch genauso gut gefallen wie mir?

Jedenfalls möchte ich mich herzlich bei dir bedanken, dass du dich so angestrengt hast!

Ich muss schon sagen, du fehlst mir sehr mit deinen tollen Witzen!

Lass dich umarmen,

Dein Alex

Separable and inseparable verbs

Z1 Unit 2 page 31
Z1 Grammar 5.4, page 160

Reminder

Some prefixes are inseparable and cannot be split from the verb: *be-, emp-, ent-, er-, ge-, miss-, ver-, zer-*.

A Read these sentences and underline or highlight the inseparable verbs:

1 Jedes Mal, wenn wir unser Wörterbuch benutzen, entdecken wir neue, interessante Konstruktionen.
2 Der Lehrer erklärt den Unterprimanern nochmals geduldig die Regeln der deutschen Grammatik.
3 Wenn man diese Regeln versteht, begreift man die Prinzipien der deutschen Sprache.
4 Im Unterricht werden auch einige Ausnahmen erwähnt.
5 Der Duden enthält ausgezeichnete Beispiele.
6 In diesem Aufsatz beschreibt er die Zustände auf deutschen Autobahnen während der Hauptreisezeit.
7 Wir erfahren auch einiges über die Verkehrspolitik der Bundesregierung.
8 Mit dem Militärdienst erfüllt man seine Pflichten als Staatsbürger.

B Insert the correct present tense form of the verb:

1 Du _____ (bekommen) einen Studienplatz, wenn du ein gutes Abiturzeugnis _____ (erhalten).
2 Ihr _____ (erreichen) euer Ziel, wenn ihr genügend Selbstdisziplin _____ (entwickeln).
3 Während des Betriebspraktikums _____ man (beobachten), wie man Kompetenz im Umgang mit Arbeitskollegen _____ (erwerben).
4 Die Kandidatin _____ (besitzen) keine ausreichenden Fremdsprachenkenntnisse.
5 Der Chef _____ (besprechen) die Bewerber mit seinen Mitarbeitern.
6 Sie alle _____ (entscheiden) zusammen, wer in die engere Wahl kommt.
7 Die Kandidatin _____ (erzählen) über ihre bisherigen beruflichen Erfahrungen.
8 Sie _____ (vergessen) auch nicht, ihre Ziele und Hoffnungen zu beschreiben.

C Select the verb which fits best into the context:

1 Wir (beeilen/entscheiden) uns, damit wir den Termin nicht (verpassen/vermissen).
2 Er (ergreift/genießt) die Freiheit, die ihm ein Studienplatz in einer fremden Stadt bietet.
3 Wenn man viel Zeit in Deutschland (verbringt/verpasst), (verschlechtert/verbessert) man leicht seine Deutschkenntnisse.
4 Wer den Wehrdienst nicht (verweigert/vermeidet), (besitzt/erkennt) seine Pflichten als Staatsbürger.
5 Eltern (verbieten/verbergen) ihren Kindern oft, während der Woche bis nach Mitternacht auszugehen.
6 Wenn Jugendliche ihre Rechte (verletzen/vergessen), (verdienen/zerstören) sie oft das Vertrauen der Erwachsenen.

Reminder

Most other prefixes are separable, and, in a main clause, they go to the end of the clause:

Der Schulbus **fährt** immer pünktlich um zehn nach sieben **ab**.

In a subordinate clause the prefix and the verb join up again:

Wenn wir nicht **aufpassen, nehmen** wir nicht wirklich an der Diskussion **teil**.

D On separate paper, insert the separable verbs with the separable prefixes in the correct place in the sentences:

Er, seinen Führerschein noch vor dem Abitur zu machen. *(vor/haben)*
Er hat vor, seinen Führerschein noch vor dem Abitur zu machen.

1 ihr mich bitte am Bahnhof *(ab/holen)*, wenn ich in Deutschland *(an/kommen)*?
2 Wenn ich achtzehn bin, ich von zu Hause *(aus/ziehen)*.
3 Zu meinem achtzehnten Geburtstag ich mindestens fünfzig Leute *(ein/laden)*.
4 Mit meinen besten Freunden wir eine tolle Party *(vor/bereiten)*.

5 Alle Lehrer und die Abiturienten an der Abiturfeier in der großen Aula *(teil/nehmen)*.

6 Die Musterung dieses Jahr in der Stadthalle *(statt/finden)*.

7 Dieser Student zu viel Geld *(aus/geben)*: er jeden Abend mit seinen Freunden *(aus/gehen)*.

E Rewrite these sentences, replacing the verbs in **bold** with verbs with separable prefixes:

1 Nächsten Monat **beginnt** er seinen Zivildienst bei den Sanitätern. *(an/fangen)*

_____

2 Sie **erscheint** ziemlich gestresst von den vielen Prüfungsvorbereitungen. *(aus/sehen)*

_____

3 Er **sendet** sein Bewerbungsformular sofort am nächsten Morgen. *(ab/schicken)*

_____

4 In dieser Firma **produziert** man Ersatzteile für Automotoren. *(her/stellen)*

_____

5 Er **nennt** mehrere Termine für sein Vorstellungsgespräch. *(vor/schlagen)*.

_____

6 Ich **überlege** die Vor- und Nachteile des Militärdienstes. *(nach/denken über)*

_____

7 Sie **äußert** ihre Bedenken zum zunehmenden Alkoholkonsum mancher Jugendlicher. *(aus/drücken)*

_____

8 Wir **beenden** unsere Arbeit kurz vor der Zeugnisausgabe. *(auf/hören mit + dat.)*

_____

9 Ich **lese lieber** Auszüge aus der deutschen Presse wöchentlich im Internet *(vor/ziehen)*.

_____

10 Jedes Mal, wenn ich ein Wort nicht weiß, **öffne** ich mein Wörterbuch. *(auf/machen)*

_____

F Answer these questions using verbs with separable prefixes:

1 Was machen Sie, wenn Sie Abfall vor Ihrem Haus auf der Straße sehen? *(ich – auf/heben)*

_____

2 Was macht ihr, wenn ihr von der Schule nach Hause kommt? *(wir – aus/ziehen – die Schulkleidung)*

_____

3 Was passiert, wenn man seinen Freund zehnmal anruft, aber niemand nimmt ab? *(man – auf/geben)*

_____

4 Was tun Sie am Nachmittag, wenn Sie abends Gäste erwarten? *(ich – zu/bereiten – das Essen)*

_____

5 Was passiert, wenn Ihr Freund auf Ihrer Party keinen Alkohol trinken möchte? *(er – ab/lehnen – den Wein)*

_____

6 Eine Firma hat Ihnen ein Bewerbungsformular geschickt und was ist jetzt Ihre Aufgabe? *(ich – aus/füllen – das Formular)*

_____

7 Das Formular allein genügt aber nicht. Was tun Sie, um Ihre Chancen zu verbessern? *(ich – bei/legen – meinen Lebenslauf)*

_____

8 Was machen Sie am Abend vor Ihrem wichtigen Vorstellungsgespräch? *(ich – ein/schlafen – schon um elf Uhr)*

_____

9 Das Unternehmen ist von Ihnen beeindruckt. Was passiert jetzt? *(sie – an/bieten – die Position)*

_____

10 Man hat Ihnen den Ferienjob mit guter Bezahlung angeboten. Was ist Ihre Reaktion? *(ich – an/nehmen – die Stelle)*

_____

Modal verbs

Z1 Unit 2 page 26
Z1 Grammar 5.5, page 161

Reminder

There are six modal verbs in German. They are: *dürfen*, *können*, *mögen*, *müssen*, *sollen*, *wollen*. They have slightly different forms from other verbs in the present tense, e.g.:

können *to be able to*

ich kann	wir können
du kannst	ihr könnt
er/sie kann	sie/Sie können

Note the vowel change from singular to plural.

The past participle and the imperfect tense are formed like those of mixed verbs (pages 50 and 54).

Modals are mostly used with the infinitive of another verb (without *zu*), which goes to the end of the sentence:

Jugendliche im Alter von vierzehn Jahren **dürfen** in der Öffentlichkeit keinen Alkohol **trinken**.

However, sometimes the other verb can be left out:

Er **muss** noch vor dem Studium zum Militär.
Wir **wollen** alle einen guten Hochschulabschluss.

A Underline the modal verbs and the infinitives (if applicable) in these sentences and translate the sentences into English on separate paper:

1 Junge Leute wollen heutzutage so früh wie möglich mobil sein.
2 Nicht jeder kann es sich leisten, schon in der Oberstufe den Führerschein zu machen.
3 In Deutschland darf man mit achtzehn Jahren Auto fahren.
4 Bevor man den Führerschein bekommt, muss man sowohl eine theoretische als auch eine praktische Prüfung bestehen.
5 Man soll unbedingt bei den ersten Autofahrten nicht seine Freunde mitnehmen.
6 Die Eltern mögen es nicht, wenn man sich immer ihr Auto ausleiht, ohne zu fragen.
7 Beim Überholen können leicht Unfälle passieren.
8 Vor einer Kuppe soll man äußerst vorsichtig sein.
9 Nach Alkoholgenuss darf man sich überhaupt nicht ans Steuer setzen.
10 Junge Frauen sollen angeblich weniger Unfälle verursachen als junge Männer.

B Match the sentence halves:

1 Wenn man siebzehn Jahre alt ist,
2 Wenn man seinen Führerschein noch nicht gemacht hat,
3 Wenn man alkoholische Getränke zu sich genommen hat,
4 Man soll an allgemeinen Wahlen teilnehmen,
5 Man darf sich nicht über die Regierung beklagen,
6 In gewissen Staaten der USA
7 Jugendliche unter 16 Jahren
8 Nach dem Abitur
9 Ohne finanzielle Unterstützung von Seiten der Eltern
10 Da der Militärdienst in Deutschland noch Pflicht ist,
11 Wenn man kein Abitur oder ähnliche Qualifikation hat,

a wenn man sich nicht am öffentlichen Leben beteiligt.
b darf man nur bis Mitternacht in öffentlichen Lokalen bleiben.
c darf man erst mit 27 Jahren Zigaretten käuflich erwerben.
d dürfen Alkohol in der Intimsphäre der Familie durchaus genießen.
e können junge Leute heutzutage kein Studium mehr beginnen.
f darf man nicht an die Universitäten der Bundesrepublik studieren.
g mögen junge Leute erst mal feiern und sich gründlich ausruhen.
h müssen die meisten jungen Männer ein Jahr lang mit ihrer Ausbildung aussetzen.
i soll man sich nicht ans Steuer setzen.
j kann man nicht alleine Auto fahren.
k wenn man volljährig geworden ist.

1	2	3	4	5	6	7	8	9	10	11

C Which of the modal verbs is more appropriate? Cross out the one which does not apply!

1 Jugendliche zwischen 18 und 26 Jahren (müssen/dürfen) eine Interrailkarte für Europa erwerben.

2 Mit einer solchen Karte (können/sollen) sie einen ganzen Monat quer durch Europa reisen.

3 Vor der Reise (sollen/mögen) sie die Reiseroute und die Orte, wo sie sich länger aufhalten, genau festlegen.

4 Auch ihre Reisebegleiter (müssen/dürfen) sie sich sorgfältig aussuchen.

5 Sie (müssen/können) oft nicht alles mitnehmen, was sie für notwendig halten.

6 Der Rucksack (darf/mag) nicht mehr als 20 kg wiegen, sonst (wollen/können) sie ihn kaum tragen.

7 Oft (sollen/wollen) die jungen Leute alle europäischen Länder besuchen, aber so viel Herumreisen (darf/kann) man nicht aushalten.

8 Die Eltern (dürfen/mögen) es, wenn man sich mindestens zweimal pro Woche mit ihnen in Verbindung setzt.

D Write on separate paper a list of priorities to get your life organized. Choose from the modal verbs, *dürfen, können, mögen, müssen, sollen, wollen* and rank your sentences in order of your priorities. Here are some phrases to help you:

◆ jeden Abend vor Mitternacht zu Bett gehen
◆ meine Hausaufgaben rechtzeitig abgeben
◆ nichts antworten, wenn mir meine Eltern auf die Nerven gehen
◆ nicht so viel Zeit vor dem Fernseher vergeuden
◆ alle Telefongespräche nach 15 Minuten beenden
◆ mein Zimmer aufräumen
◆ die Geburtstage meiner engeren Familie nicht vergessen
◆ gelassen und humorvoll sein
◆ nicht meine Pickel ausdrücken
◆ mir jeden Morgen die Haare waschen
◆ mir einen Nebenjob suchen, damit ich wieder ein bisschen Geld habe
◆ nur ab und zu auf Partys rauchen
◆ mich höchstens einmal im Jahr betrinken
◆ mir endlich einen verständnisvollen Freund/eine verständnisvolle Freundin suchen
◆ nicht so viel Geld für unnötiges Zeug ausgeben

◆ endlich an meine Oma/meinen Opa/Onkel usw. schreiben, um mich für das Geburtstagsgeschenk zu bedanken
◆ mich körperlich fit halten
◆ mehr Sport treiben
◆ nicht so viele Süßigkeiten naschen
◆ positive Gedanken fördern, alles Negative verbannen

E Fill in the gaps, using verb forms from the box (try to manage with only the words in the box):

Wenn man achtzehn ist, (1)_____ man selbst entscheiden, wie man leben (2)_____.

Man (3)_____ jetzt am politischen Leben teilnehmen, man (4)_____ alle vier Jahre wählen und man (5)_____ sogar heiraten.

Viele Jugendliche (6)_____ aber nicht von zu Hause ausziehen, das selbständige Leben erscheint ihnen einfach zu teuer. Manche (7)_____ sofort ihren Lebensunterhalt verdienen, andere (8)_____ lieber zuerst auf die Uni gehen, weil sie dort bessere Qualifikationen erwerben (9)_____.

Jedenfalls (10)_____ man sich nicht auf die faule Haut legen, sondern (11)_____ gründlich darüber nachdenken, was man aus seinem Leben machen (12)_____. Auf diese Weise (13)_____ Jugendliche Verantwortung für sich selbst übernehmen. Sie (14)_____ sich nicht darauf verlassen, dass ihre Eltern für sie alle Entscheidungen treffen. Im Grunde (15)_____ sie auch lieber ihr eigener Herr sein.

> darf darf darf dürfen kann
> kann können mögen mögen mögen
> müssen soll soll soll wollen

47

Verbs – the tenses

The present tense

Z1 Orientierung page 7
Z1 Grammar 6.1, page 161–2

Reminder

The present tense is used as in English. Most verbs have the same endings: -e, -st, -t, -en, -t, -en, -en.

Several strong verbs (see also page 40) change the main vowel in the 2nd and 3rd person singular:

fahren   ich fahre   du **fährst**   er/sie **fährt**

geben   ich gebe   du **gibst**   er/sie **gibt**

But see also auxiliary (page 41) and modal verbs (pages 46–7).

A Read the passage and underline all the verbs in the present tense:

In vielen Familien in Deutschland hat sich das Leben sehr verändert. Seit den sechziger Jahren steigt die Anzahl der Frauen, die berufstätig sind, ständig. Viele Frauen haben zwar nur eine Teilzeitbeschäftigung, aber das bedeutet dennoch, dass zu gewissen Zeiten andere Personen die Kinder betreuen. Kleinkinder gehen oft in eine Kinderkrippe oder ein Kindermädchen kommt ins Haus. Der Erziehungsurlaub bietet den Frauen – und manchmal nehmen ihn auch Männer in Anspruch – die Möglichkeit, bei ganz kleinen Kindern zu Hause zu bleiben, und natürlich unterstützt der Staat sie finanziell bei dieser wichtigen Aufgabe. Allerdings gibt es wie überall in Europa immer mehr allein erziehende Mütter, denen diese Chance nicht offen steht. Sie verlassen sich auf ihr Gehalt, um die Familie zu ernähren, und lassen oft ihre Kinder ganztägig betreuen. Natürlich sorgen sie sich die ganze Zeit, ob sie wohl die richtige Entscheidung getroffen haben. Ja, es ist nicht so leicht, Kinder und Beruf miteinander zu verbinden!

B Put these infinitives into the correct verb forms:

1   essen   ich _____
2   laufen   du _____
3   auf/geben   er _____
4   ab/nehmen   sie _____
5   an/grenzen   es _____
6   sich vor/stellen wir _____
7   müssen   ihr _____
8   arbeiten   sie _____
9   sich verabschieden Sie _____

C These sentences are about the German language. Fill the gaps with the correct present tense form of the verb in brackets:

1   In Deutschland, in Österreich und in vielen Teilen der Schweiz _____ (sprechen) die Einwohner Deutsch.

2   Mein deutscher Austauschpartner und seine Familie _____ (wohnen) allerdings in Bayern.

3   Dort _____ (sprechen) man den schlimmsten Dialekt, den man sich vorstellen _____ (können).

4   Wenn ich _____ (sich auf/halten) am Anfang dort _____, _____ (verstehen) ich rein gar nichts.

5   Selbst Universitätsprofessoren _____ ihren lokalen Akzent meistens nicht _____ (auf/geben).

6   Natürlich _____ mein deutscher Freund auch Hochdeutsch (können).

7   Viele Schweizer Fernsehsender _____ Sendungen in Schwyzerdütsch _____ (aus/strahlen).

8   In Österreich _____ (verwenden) man viele andere Wörter als im Standarddeutschen, z.B. Karfiol und Marillen statt Blumenkohl und Aprikosen.

D Michaela has moved to Munich from Leipzig. Life is very different to what she has been used to. Complete the sentences with verbs from the box:

1   Im September _____ man Michaela plötzlich eine Stelle in der Münchener Zweigstelle ihrer Firma _____.

2   Zuerst _____ sie ein bisschen, denn so ein Ortswechsel _____ viel Stress mit sich bringen.

3   Dann aber _____ sie darüber _____.

4 Nun _____ sie das Angebot für eine der großen Chancen ihres Lebens.

5 Anfang Januar _____ sie dann _____.

6 Zuerst _____ sie sehr unter Einsamkeit.

7 Sie _____ sehr verwirrt.

8 Das Schlimmste für sie: sie _____ einfach den dortigen Dialekt nicht!

9 Doch langsam _____ sie _____ in München _____.

10 Sie _____, sich sogar richtig wohl zu fühlen.

11 Jetzt _____ ihr das Leben in Bayern sehr.

12 Michaela _____ die alte Heimat gar nicht mehr.

---

versteht	kann	bietet an	fängt an	vermisst
fühlt sich	zieht um	erschrickt	gefällt	
leidet	hält	lebt sich ein	denkt nach	

Reminder

The present tense is used for actions which started in the past and are still carrying on now. In these sentences, there is usually an expression of time either introduced by *seit*, or an accusative followed by *lang*. Often the sentence has *schon* as well.

Sie **wohnt seit drei Monaten** in Süddeutschland.
Er **lernt schon** sechs Jahre **lang** Deutsch.

E Translate these examples into English:

1 Die Mauer gibt es schon seit Ende 1989 nicht mehr.

_____

2 Seit der Wende haben die Ostdeutschen dieselben demokratischen Rechte wie die Westdeutschen.

_____

3 Sein Opa wohnt schon jahrzehntelang in der Bundesrepublik.

_____

4 Seit der Spendenaffäre vertraut man Altkanzler Kohl nicht mehr.

_____

_____

5 Er arbeitet schon seit dreieinhalb Jahren in diesem Betrieb.

_____

6 Seit der Geburt ihres dritten Kindes arbeitet sie nicht mehr.

_____

7 Sie lernt seit ihrem 17. Geburtstag Auto fahren.

_____

8 Er ist seit vier Wochen krank.

_____

9 Seit letztem Jahr will er nur noch in der Schweiz Urlaub machen.

_____

_____

10 Wir warten schon über eine halbe Stunde lang auf unseren Anschluss nach Hamburg.

_____

_____

F Translate these sentences into German:

1 I have been learning German for seven years.

_____

2 They have attended this school for two years.

_____

3 We have known each other for four months.

_____

4 You have been working hard for weeks now.

_____

5 She has been annoying us for weeks.

_____

6 He has worked at the supermarket for a year.

_____

_____

The perfect tense

Z1 Unit 2 page 29
Z1 Grammar 6.2, page 162

Reminder

Most verbs, including reflexives and all that take an accusative object, form their perfect tense with the present tense of the auxiliary verb *haben* and a past participle. *Haben* takes the normal position of the verb, and the past participle goes to the end of the sentence.

◆ For weak verbs, the past participle is formed from the usual verb stem with the prefix ge- and the ending -t (*gemacht, gekauft*). For mixed verbs and modal verbs, the stem is often different, but the

prefix and ending are the same (*bringen – gebracht, denken – gedacht*).

◆ The past participles of strong verbs often have a changed stem, and take the ge- prefix and an -en ending (*gegessen, gesungen, getrunken*).

◆ Separable verbs insert -ge- between the separable prefix and the verb stem (*aufgestanden*).

◆ Inseparable verbs, and verbs ending in -ieren, do not take ge- (*bestanden, passiert*).

A Write out on separate paper the appropriate perfect tense form of these verbs:

1 Nachrichten hören *(wir)*
2 ihre Freunde benachrichtigen *(sie, pl)*
3 eine Hilfsaktion starten *(mein bester Freund)*
4 bei der Aktion mitmachen *(wir)*
5 Kleider und Wolldecken sammeln *(alle)*
6 alles zum Roten Kreuz bringen *(wir)*
7 in der Zeitung über andere Aktionen lesen *(Freunde)*
8 an andere Hilfsorganisationen schreiben *(ich)*
9 mit „Ärzte ohne Grenzen" telefonieren *(ich)*
10 sich mit anderen Jugendlichen in Verbindung setzen *(wir)*

B Fill the gaps with the appropriate perfect tense form of the verbs in the brackets:

1 Deutschland _____ mehrere Hubschrauber in das überflutete Land _____ . *(schicken)*
2 Die Behörden _____ die Menschen in Notlagern _____ . *(unterbringen)*
3 Die Luftwaffe _____ die Hubschrauber mit Gütern _____ . *(beladen)*
4 Die Piloten _____ Säcke mit Notverpflegung und Medikamenten _____ . *(ab / werfen)*
5 Reporter vom ZDF _____ die Rettungsaktion von der Luft aus _____ . *(fotografieren)*
6 Bis zur Ankunft der Hubschrauber _____ die Flüchtlinge elend _____ . *(sich fühlen)*

7 Durch die Aktion _____ die Menschen zum ersten Mal wieder Nahrung _____ . *(erhalten)*.
8 Danach _____ immer mehr europäische Länder bei der Hilfsaktion _____ . *(mit / helfen)*
9 Die Mosambikaner _____ bei den Helfern mit einem Lied _____ . *(sich bedanken)*.
10 Die Politiker _____ _____ _____ , wie man in Zukunft solche Katastrophen vermeiden kann. *(sich überlegen)*

C Karla and Thomas listed their duties on community service. On separate paper, write an account by putting the infinitives into the perfect tense. Use the pronouns *er* und *sie*.

Karla *(Sanitäter)*
Anrufe an / nehmen
Verletzte für den Transport vorbereiten
erste Hilfe leisten
sich mit dem Notarzt in Verbindung setzen
die Patienten auf die Station zurück / bringen
mit den Angehörigen telefonieren

Thomas *(Altenbetreuer)*
das Altersheim besuchen
die Post verteilen
den Alten Tee und Kaffee bringen
die Rollstühle mit den Alten in den Garten fahren
ihnen beim Essen helfen
sie an- und ausziehen

Reminder

Certain verbs form the perfect tense with the auxiliary verb *sein*. These are mostly verbs of:

motion:

gehen   ich **bin** gegangen

change of state /condition:

werden   ich **bin** geworden

and a few others:

bleiben   ich **bin** geblieben

sein   ich **bin** gewesen

Some (such as *fahren*) take *haben* when used with an accusative object, and *sein* otherwise.

D Write these verbs out in the perfect tense:
1 fahren   du _____
2 aus/gehen   wir _____
3 auf/stehen   ihr _____
4 ein/schlafen   ich _____
5 glücklich sein   er _____
6 heim/kommen   sie *(pl)* _____
7 ab/fliegen   der Hubschrauber _____
8 schwimmen   du _____
9 zu Hause bleiben   die Kinder _____
10 hin/fallen   Sie _____?

E Johannes worked in a children's camp in the summer holidays. Write an account of his activities in the perfect tense on separate paper.

Jeden Morgen bin ich um sieben Uhr aufgewacht.

1 Jeden Morgen wache ich um sieben Uhr auf.
2 Dann stehe ich auf.
3 Zum Frühstück gehen wir ins große Zelt direkt am Wald.
4 Danach fahren wir zum Segelclub.
5 Ich segle mit den älteren Kindern.
6 Mein Freund rudert mit den jüngeren.
7 Die Lieblingsbeschäftigung der Kinder ist allerdings Schwimmen.
8 Nach dem Mittagessen gehe ich mit einer Gruppe von 10 Kindern ins Schwimmbad.
9 Einige Gruppen bleiben im Zeltlager zurück.
10 Am Nachmittag fahren sie vielleicht Rad oder klettern auf die Bäume.
11 Im Freibad schwimmen wir und ein paar Kinder tauchen.
12 Wir begegnen auch einem alten Bekannten aus einem anderen Lager.

13 Gegen Abend kehren wir ins Lager zurück.
14 Wir kommen an und die Mahlzeit ist schon fertig.
15 Nach dem Essen bleiben wir lange ums Lagerfeuer sitzen.
16 Die meisten von uns schlafen erst kurz vor Mitternacht ein.
17 Die Kinder werden fast wie Freunde.

F *Haben* or *sein*? Select the appropriate auxiliary.
1 Mein Großvater (ist/hat) in Ostpreußen geboren.
2 Mit sechs Jahren (hat/ist) mein Großvater die Grundschule besucht.
3 Normalerweise (hat/ist) er wie alle Kinder zu Fuß zur Schule gegangen.
4 Ab und zu (ist/hat) mein Urgroßvater ihn mit seinem Karren zur Schule gefahren, wenn er zum Markt gefahren (ist/hat).
5 Mit 14 (ist/hat) er von der Schule abgegangen; er (ist/hat) dann meinen Urgroßeltern auf dem Feld geholfen.
6 Am ersten September 1939 (ist/hat) Hitler dann in Polen einmarschiert.
7 Er (ist/hat) das Land geradezu überfallen.
8 Mein Großvater (ist/hat) dann mit 18 Jahren gleich eingerückt.
9 Viele seiner Kameraden (haben/sind) auf den Feldzügen gefallen.
10 Er aber (ist/hat) Glück gehabt und (ist/hat) unverletzt wieder nach Hause zurückgekommen.

G On separate paper, translate these sentences into German using the perfect tense:
1 I woke up really early, just before six o'clock. *(auf/wachen)*
2 I had a shower and put on my new uniform. *(sich duschen, an/ziehen)*
3 We had breakfast together immediately. *(frühstücken)*
4 I checked my school bag again and again. *(überprüfen)*
5 My father finally drove me to the school. *(fahren)*
6 My father stayed at the school entrance and waved to me. *(bleiben, zu/winken + dat.)*

The perfect tense with modals

Z1 Unit 11 page 139
Z1 Grammar 6.2.3, page 163

Reminder

Modal verbs can be used on their own, in which case their past participles follow the normal patterns:

müssen   ich habe **gemusst**
wollen   ich habe **gewollt**

A Underline the modal verbs in the perfect tense and, on separate paper, translate the sentences into English:

1 Meine kleine Schwester hat neulich zum Zahnarzt gemusst.
2 Allerdings hat sie große Angst vor einem Zahnarztbesuch und hat nicht dahin gewollt.
3 Meine Mutter hat schließlich den Termin verschoben: Aus beruflichen Gründen hat sie am Freitag nicht gekonnt.
4 Am folgenden Montag haben sie dann ganz früh weggemusst, denn der Termin war um halb neun.
5 Meine Mutter hat nicht ins Sprechzimmer mitgedurft, weil Mütter angeblich Kinder noch nervöser machen.
6 Alles ist ganz gut verlaufen, nur die Bohrerei hat meine Schwester nicht gemocht.
7 Nach der Behandlung hat sie sofort in die Schule zurückgemusst.
8 Sie hat eigentlich zuerst noch in die Eisdiele gewollt, aber das hat sie nicht gedurft.
9 Die von meiner Mutter gekaufte Schokolade hat sie allerdings nicht mehr gemocht.
10 Am Ende des Tages hat der Mund immer noch wehgetan und sie hat ins Bett gewollt.

B Put these expressions into the perfect tense:

1 zu deiner Freundin wollen *(du)*

2 in die Schule müssen *(sie sg)*

3 zum Direktor sollen *(er)*

4 bessere Noten wollen *(er)*

5 den Klassenlehrer nicht mögen *(wir)*

6 eure Vokabeln nicht können *(ihr)*

7 die Matheformeln können *(sie pl)*

8 den Mathelehrer lieber mögen *(ich)*

9 in eine andere Klasse wollen *(Sie)*

10 nicht zum Jugendklub dürfen *(sie pl)*

Reminder

If modal verbs are used with another infinitive, the infinitive (e.g. *müssen*) is used in the perfect tense rather than the ordinary past participle (e.g. *gemusst*).

C Underline the perfect tense of the modal verbs in one colour and the infinitive in a different colour; then translate the sentences into English on separate paper:

1 Letztes Jahr haben wir ein paar Wochen in Deutschland verbringen wollen.
2 Von der Schule aus haben wir uns zwei Wochen frei nehmen dürfen.
3 Die einzige Auflage war: In Deutschland haben wir nicht miteinander Englisch sprechen dürfen.
4 Mein Freund und ich haben an deutsche Jugendherbergen und an Verkehrsämter schreiben müssen.
5 Diese Organisationen haben uns Unterlagen schicken sollen.
6 Die neuesten Informationen haben wir allerdings im Internet finden können.
7 Kurz vor der Abreise haben wir alles Organisatorische erledigen können.
8 Den Aufenthalt haben wir zur Verbesserung unserer mündlichen Sprachfertigkeit ausnützen wollen.
9 Eine von unseren Mitschülerinnen ist äußerst schüchtern und hat also nicht viel sprechen wollen.
10 Am Schluss war sie jedoch total entspannt und hat sich viel besser ausdrücken können.
11 Viele von uns haben gar nicht nach Hause fahren mögen, so schön war es.
12 Auf der Rückreise haben wir nur noch Deutsch sprechen wollen, so sehr hatten wir uns daran gewöhnt.

Lassen in the perfect tense

Z1 Grammar 6.2.4, page 162

Reminder

Lassen means 'to leave behind', 'to give up' or 'to allow', 'to grant':

Ich habe mein Notizbuch in der Schule gelassen.

Reminder

Lassen is also used with other verbs to mean:

'to cause something to happen':
Ich **lasse** den Arzt **kommen**.

'to have something done':
Ich **lasse** mir die Haare **schneiden**.

'to allow something to happen':
Meine Mutter **lässt** mich sonntags **ausschlafen**.

In the perfect tense with another infinitive, *lassen* is used rather than the usual past participle *gelassen*.

D Underline the perfect tense in each sentence and translate the sentences into English on separate paper:
1 Er hat seinen Pass zu Hause gelassen.
2 Ich habe ihm meinen Autoschlüssel da gelassen.
3 Er hat sich nicht aufgeregt: Er hat ihr einfach die Vorfahrt gelassen.
4 Sie hat die Raucherei einfach nicht gelassen.
5 Meine Eltern haben mir nicht die Wahl gelassen: ich habe auf die Uni gemusst.
6 Mein kleiner Bruder hat mich beim Studieren niemals in Ruhe gelassen.
7 Der Professor hat an ihr kein gutes Haar gelassen.
8 Ich habe mir zur Prüfungsvorbereitung viel Zeit gelassen.
9 Er hat seine Schlamperei ganz und gar hinter sich gelassen.
10 Sie hat ihre Kinder im Stich gelassen.

E Try to answer the following questions using *lassen* and the words suggested in brackets:
1 Wo ist Ihr Heft mit Ihren Hausaufgaben? *(bei meinem Freund)*

2 Hast du in den Ferien wirklich jeden Abend weggedurft? *(meine Eltern – mir – die Freiheit)*

3 Was ist mit dem Geld passiert? *(er – seiner Frau)*

4 Warum ist sie jetzt so arm und hat nicht einmal eine Wohnung? *(sie – alles – ihrem Mann)*

5 Warum will der Mann jetzt nur noch Englisch sprechen? *(alles Deutsche – hinter sich)*

F Study these sentences, underline the perfect tense in one colour and the infinitive in another and on separate paper give the meaning of the verb *lassen*:
    Sie wollten umbauen und **haben** sich zuerst einen Kostenvoranschlag *machen* **lassen**.
    perfect tense in **bold**, infinitive in *italics*; meaning of lassen: *to have something done*
1 An einem Abend im März haben sie den Architekten zu sich nach Hause kommen lassen.
2 Sie haben sich von vielen Seiten beraten lassen.
3 Zuerst haben sie die Diele und das Wohnzimmer tapezieren lassen.
4 Die Teppiche passten nicht mehr zur Tapete und sie haben neue legen lassen.
5 Die Fenster waren nicht mehr dicht; deshalb haben sie die Rahmen neu streichen lassen.
6 Im Bezug auf die Farbwahl haben sie die Fachleute selbst entscheiden lassen.
7 Alles ist immer teurer geworden und sie haben sich ihr Kreditlimit erhöhen lassen.
8 Doch jetzt war ihr Konto überzogen und der Filialleiter ihrer Bank hat sie bei sich vorsprechen lassen.

G Using these patterns, translate the sentences into German on separate paper:
1 I had my hair cut last week. *(schneiden lassen)*
2 I left my rucksack on the bus. *(liegen lassen)*
3 He had his car repaired. *(reparieren lassen)*
4 I let my friend drive my new car. *(fahren lassen)*
5 My parents allowed me to buy a mobile phone. *(kaufen lassen)*

The imperfect tense

Z1 Unit 4 page 53
Z1 Grammar 6.3, page 163

Reminder (6.3.1)

Weak verbs form their imperfect tense using the stem of the verb and adding -(e)te, -(e)test, -(e)te, -(e)ten, -(e)tet, -(e)ten, -(e)ten.

A Put these infinitives into the appropriate form of the imperfect tense:

1 probieren   er _____
2 ein/kaufen   sie *(sg)* _____
3 antworten   ich _____
4 zeichnen   du _____
5 sich setzen   wir _____
6 bügeln   sie *(pl)* _____
7 sich hin/legen ihr _____
8 sich beeilen   Sie _____
9 ab/trocknen   ich _____
10 sich ändern   es _____

B Read this report of an accident. Underline the verbs in the imperfect tense, make a list of them on separate paper and write the infinitive next to each verb:

In den frühen Morgenstunden des ersten Juni ereignete sich auf der A5 in Richtung Karlsruhe ein schwerer Unfall. Ein LKW-Fahrer fühlte sich offenbar schläfrig und, als sein Fahrzeug einen PKW überholte, schleuderte es über die Fahrbahn und prallte gegen eine Leitplanke, die die Autobahn in verschiedene Fahrtrichtungen trennte. Die Rettungsmannschaften gelangten sofort zur Unfallstelle und transportierten den LKW-Fahrer mit höchster Geschwindigkeit ins Krankenhaus. Die Polizei sperrte beide Fahrbahnen mehrere Stunden lang und selbst am Spätnachmittag bewegte sich der Verkehr nur zähflüssig.

C Fill the gaps by putting the verbs in the infinitive into the imperfect:

1 Letztes Jahr _____ Jessica als Studentin in Deutschland. *(leben)*
2 Sie _____ in Saarbrücken und _____ nicht weit von der Uni in einem Studentenwohnheim. *(studieren) (wohnen)*
3 Jeden Tag _____ sie sehr viel in der Bibliothek. *(arbeiten)*
4 Sie _____ auch alle Vorlesungen über deutsche Literatur. *(besuchen)*

5 Während der Seminare _____ sie alle unbekannten Ausdrücke. *(notieren)*
6 Zu Hause _____ sie im Wörterbuch _____. *(nach/schauen)*
7 Sie _____ _____ _____, so viele Fortschritte wie möglich zu machen. *(sich an/strengen)*
8 Jeden Abend _____ sie mit Kommilitonen auf ihrem Stockwerk. *(üben)*
9 Allmählich _____ _____ ihr Deutsch. *(sich verbessern)*

Reminder (6.3.2)

In strong verbs there is usually a vowel change in the imperfect tense (see pages 94–95) and a different set of endings from those of the weak verb.

gehen

ich ging	wir ging**en**
du ging**st**	ihr ging**t**
er/sie ging	sie/Sie ging**en**

D Put these infinitives into the imperfect tense:

1 fern/sehen   ich _____
2 auf/stehen   du _____
3 an/kommen   er _____
4 sich waschen   wir _____
5 schlafen   sie *(sg)* _____
6 fahren   ihr _____
7 stehen bleiben   sie *(pl)* _____
8 vergessen   Sie _____
9 ein/treten   ich _____
10 sich entscheiden wir _____

E Rewrite this passage in the imperfect tense on separate paper:

Während der letzten paar Jahre lässt Joachim sich gehen. Seinen Beruf empfindet er als äußerst stressig, da er niemals vor sieben Uhr am Abend das Büro verlässt. Die Verantwortung wächst ständig und auch die Zahl der Aufgaben steigt an. Joachim nimmt sich nicht die Zeit, sich vernünftig zu ernähren, und sein Gewicht geht in die Höhe. Er isst meistens nur noch

Schnellgerichte ohne viel Vitamine und trinkt natürlich zu viel Alkohol, um sich zu entspannen. Auch treibt er nicht genug Sport und läuft nicht einmal mehr Ski. Er geht kaum mehr zu Fuß, sondern fährt immer mit Taxis, weil er so weniger Zeit verliert. Offensichtlich leidet er unter dem Stress des modernen Lebens.

Reminder (6.3.3, 6.3.4, 6.4.5)

The imperfect tense of mixed, modal and auxiliary verbs has to be learnt separately. Mixed and modal verbs take weak endings but all except *wollen* and *sollen* alter their stems. See pages 94–95. For modals and auxiliaries in particular, the imperfect tense is more frequently used than the perfect tense, as the imperfect sounds more natural and the sentences are less cumbersome.

F Underline or highlight the imperfect tense in the following sentences, find the infinitive in the dictionary and make a list of both forms as well as the meaning in English on separate paper.

Sie dachte, Zigarettenrauchen sei nicht so gefährlich.
denken, sie dachte, to think

Renate wollte niemals abhängig werden, weder von Zigaretten noch von Alkohol oder Drogen. Sie dachte, Zigarettenrauchen sei nicht so gefährlich, aber sie wusste auch, dass es zu Lungenkrebs oder Herzinfarkt führen konnte. Als sie älter wurde, verbrachte sie immer mehr Zeit auf Partys oder in Clubs, wo es üblich war, Drogen zu nehmen. Sie kannte einige junge Menschen, die sich an den Wochenenden total entspannen mochten. Sie brachten ihr manchmal einen Joint mit, aber Renate hatte einfach keine Lust, damit anzufangen. Letzten Endes wandte sie sich an die Drogenberatungsstelle für Jugendliche. Sie sandten ihr viel Informationsmaterial und nannten ihr auch ein paar Kontaktadressen, wo ihre Freunde Hilfe suchen sollten. Nun durfte sie nicht davor zurückschrecken, ihre Freunde mit der Wahrheit zu konfrontieren. Sie rannte auch vor dieser Herausforderung nicht davon, sondern hatte den Mut mit ihnen darüber zu sprechen. Sie musste ihnen zeigen, dass sie im Begriff waren, ihr Leben total zu ruinieren.

G Learn the imperfect tenses of mixed, modals and auxiliaries, and then put the following verbs into the appropriate verb forms:

1 verbringen du _____
2 erkennen sie *(sg)* _____
3 haben ich _____
4 müssen er _____
5 mögen wir _____
6 dürfen sie *(pl)* _____
7 sein ihr _____
8 wissen man _____
9 denken er _____

H Now practise all the different verbs together. Read the passage and fill the gaps by putting the verbs in brackets into the imperfect tense.

Georg _____ total abgearbeitet (**1** *sein*). Er _____ im Geschäft nichts als Sorgen und Stress (**2** *haben*) und auch sein Privatleben _____ unter seinen langen Arbeitsstunden (**3** *leiden*). Seine Frau _____ alles allein erledigen: Haushalt, Kinder, ihre eigene Teilzeitarbeit (**4** *müssen*). So _____ es nicht weitergehen (**5** *dürfen*). Sie _____ ihn zunächst einmal zu ihrem Hausarzt (**6** *schicken*), der die Familie schon lange _____ (**7** *kennen*). Er _____ Georg über seine Lebensweise _____ (**8** *aus/fragen*) und _____ ihm, in Kur zu gehen (**9** *raten*). Er _____ von einem Sanatorium im Schwarzwald (**10** *wissen*), das _____ auf Anti-Stress-Therapie _____ (**11** *sich spezialisieren*). Georg _____ für zwei Wochen in den Luftkurort (**12** *fahren*). Jeden Tag _____ er mindestens zwei Stunden _____ (**13** *spazieren gehen*), er _____ _____ gesund (**14** *sich ernähren*), _____ viel frisches Obst und Gemüse (**15** *essen*) und _____ überhaupt keinen Alkohol (**16** *trinken*). Nachts _____ er mindestens acht Stunden (**17** *schlafen*) und zusätzlich _____ man ihm einen Nachmittagsschlaf (**18** *empfehlen*). Langsam _____ er _____ (**19** *sich erholen*) und nach zwei Wochen _____ er _____ wie ein neugeborener Mensch (**20** *sich fühlen*).

The pluperfect tense

Z1 Unit 9 page 111
Z1 Grammar 6.4, page 163

Reminder

The pluperfect tense is used to describe something that had happened. It is formed with the imperfect tense of *haben* or *sein*, depending on which auxiliary is used for the perfect tense, followed by the past participle:

machen	ich **hatte gemacht**	*I had done*
gehen	ich **war gegangen**	*I had gone*

Reminder

Verbs of motion, change of state or condition, and a few others take the auxiliary *sein* to form their pluperfect tense when used without a direct object.

A Put these verbs into the pluperfect tense and translate them into English. In this exercise, you will only be dealing with verbs taking *haben*.

1 schreiben ich _____
2 ab/nehmen sie *(pl)* _____
3 eröffnen er _____
4 an/erkennen wir _____
5 sich um/ziehen sie *(sg)* _____
6 brennen es _____
7 verfolgen ihr _____
8 finanzieren du _____
9 dauern es _____
10 sich integrieren wir _____

B On separate paper, answer these questions using the verbs suggested in brackets in the pluperfect tense:

Warum kamen die Deutschen nach Russland?

Katharina die Große hatte sie nach Russland eingeladen.

1 Warum konnten sie auf dem Gebiet des Handwerks so viel anbieten? *(in der Heimat – so viel lernen)*

2 Womit bestellten sie ihre Äcker? *(Geräte aus der Heimat – mit/bringen)*

3 Warum fand die erste Generation alles so schwierig? *(in der Anfangszeit – viel arbeiten)*

4 Aus welchen Gründen blieben sie dann trotzdem in Russland? *(Katharina die Große – viele Rechte ein/räumen)*

5 Wie entwickelten sich die deutschen Dörfer? *(die Deutschen – zusammen – Häuser und Kirchen bauen)*

6 Wie erhielt man die deutsche Sprache auf russischem Boden am Leben? *(in den Familien – immer Deutsch sprechen)*

7 Wieso fühlten sie sich nach all dieser Zeit immer noch wie Deutsche? *(deutsche Sitten und Gebräuche pflegen)*

C Put these verbs into the pluperfect tense:

1 fahren er _____
2 bleiben ich _____
3 zurück/kehren sie *(pl)* _____
4 auf/stehen du _____
5 werden sie *(sg)* _____
6 aus/wandern sie *(pl)* _____
7 ein/ziehen wir _____
8 fliehen Sie _____
9 entkommen er _____
10 ab/fallen es _____

D Put the verbs in brackets into the pluperfect tense:

1 Vor fünf Jahren _____ Ahmed und seine Familie in die Bundesrepublik _____ *(kommen)*.

2 Zu Hause in Tasmanien _____ die Zustände unbeschreiblich _____ *(sein)*.

3 Täglich _____ Hunderte von Menschen vor der Militärpolizei _____ *(fliehen)*.

4 Ihre Zahl _____ täglich _____ *(wachsen)*.

5 Sie _____ in die Städte _____, um Schutz und Anonymität zu finden *(ziehen)*.

6 Menschen mit Beziehungen im Ausland _____ der Verfolgung _____ *(entkommen)*.

7 Alle _____ vor dem Ausmaß der Gewalttätigkeit _____ *(erschrecken)*.

8 Einige _____ auf dem Land _____ *(zurück/bleiben)*.

9 Nach einigen unsicheren Monaten _____ Ahmeds Familie endlich nach Deutschland _____ *(fliegen)*.

10 Dort _____ sie in einem Transitlager für politische Flüchtlinge _____ *(unterkommen)*.

The future tense

Z1 Unit 6 page 70
Z1 Grammar 6.5, page 163

Reminder

It is often sufficient to use the present tense, particularly when combined with an adverb of time, to express the future:

Nächstes Jahr **komme** ich in die Unterprima.
Next year, I shall start in the Lower Sixth.

However, if you wish to be more precise you can use the future tense. The future tense consists of the present tense of *werden*, which takes the normal place of the verb, and the infinitive, which goes to the end of the sentence:

Er **wird** nach dem Abitur erst einmal ein Jahr **aussetzen**.
He will take a year off after his A-levels.

E Underline the verbs in the future tense and make a list of them in your vocabulary book:
1   In der Zukunft werden die Arbeitsplätze in Landwirtschaft und Industrie immer mehr zurückgehen.
2   Dagegen werden Stellen in der Dienstleistungsindustrie immer mehr zunehmen.
3   Studenten von heute werden eine breite Allgemeinbildung benötigen.
4   Sie werden Fähigkeiten lernen, die übertragbar sind.
5   Den Beruf für das ganze Leben wird es sicherlich nicht mehr geben.
6   Arbeitssuchende werden ihren Lebenslauf im Internet veröffentlichen.
7   Immer mehr Angestellte werden von zu Hause aus arbeiten können.
8   Der Internetanschluss im Arbeitszimmer wird das ermöglichen.
9   Auch die Situation in den neuen Bundesländern wird sich zunehmend verbessern.
10 Flexible Menschen werden deutlich mehr Chancen auf dem Arbeitsmarkt haben.
11 Die Menschen werden im Laufe ihres Lebens vier oder fünf verschiedene Berufe ausüben.
12 Menschen mit Fremdsprachenkenntnissen werden in den multinationalen Betrieben mehr Chancen haben.
13 Frauen mit Kindern werden die flexibleren Arbeitszeiten begrüßen.

F Put these verbs into the future tense:
1   konzentriert arbeiten (*er*)
_____
2   Fortschritte machen (*sie sg*)
_____
3   sich bei der Uni bewerben (*ich*)
_____
4   ausgezeichnete Ergebnisse bekommen (*wir*)
_____
5   in eine fremde Stadt ziehen (*du*)
_____
6   vielleicht im Studentenwohnheim unterkommen (*ihr*) _____
7   sich viele Bücher besorgen (*sie pl*)
_____
8   allen möglichen Clubs beitreten (*Sie*)
_____
9   das Studentenleben sehr genießen (*er*)
_____
10 sich ab und zu nach zu Hause sehnen (*sie sg*)
_____

G On separate paper, put these sentences into the future tense:
1   Nach der Zeugnisverteilung gehe ich erst einmal in Urlaub.
2   Nach unserer vielen Arbeit erholen wir uns zuerst.
3   Wir entspannen uns zwei Wochen lang auf einer Insel im Mittelmeer.
4   Nach der Rückkehr beginne ich dann mit einem Nebenjob.
5   Ich arbeite in einer Pizzeria bei uns in der Nähe.
6   So verdiene ich genug Geld für die Oberprima.
7   Dann erlauben mir meine Eltern nicht mehr zu arbeiten.
8   Es ist wichtiger, einen tollen Notendurchschnitt zu bekommen.
9   Am Ende der Ferien schreibe ich allerdings meine Seminararbeit.
10 Auf diese Weise ist das nächste Jahr hoffentlich nicht zu stressig.
11 Nächstes Jahr bewerbe ich mich dann bei den Universitäten.
12 Ich bereite mich gründlich auf mein Abitur vor.

The conditional tense

Z1 Unit 7 page 83
Z1 Grammar 7.1, page 164

Reminder

One way of forming the conditional is to use forms of *würde* (with imperfect endings) followed by the infinitive of the verb, which goes to the end of the clause or sentence:

Ich **würde** die Fernsehwerbung nicht **verbieten**.

A Underline the conditional and translate the sentences into English:

1 Wir würden kaum Fernsehwerbung anschauen.

2 Wir würden ein Produkt bestimmt nicht kaufen, nur weil wir es in der Fernsehwerbung gesehen haben.

3 Jugendliche würden ohne Zigarettenwerbung sicherlich weniger rauchen.

4 Nach zu viel Fernsehkonsum würden Kinder aggressiver sein.

5 Fernsehentzug dagegen würde sie noch fernsehsüchtiger machen.

6 Mehr Sport im Fernsehen würde uns vielleicht noch passiver machen.

7 Gewalt im Fernsehen würde Jugendliche sicher zum Nachahmen einladen.

8 Positive Vorbilder dagegen würden den Kindern ein gutes Beispiel setzen.

9 Artikel in guten Tageszeitungen würden uns sicher besser informieren als die Tagesschau.

10 Niemand würde sich aber die Mühe machen, seine Informationen nur aus der Zeitung zu bekommen.

B Put these verbs into the conditional:

1 mir einen Computer kaufen – die Oma

2 jeden Abend dreißig Minuten tippen üben – man

3 keine wichtigen Dokumente mehr verlieren – wir

4 Ihren Horizont erheblich erweitern – Sie

5 alle ihre Ausgaben in Excel notieren – sie *(sg)*

6 Seminararbeiten mit einem Textverarbeitungsprogramm schreiben – ich

7 sich übers Internet alle möglichen Informationen holen – du

8 alle Aufsätze problemlos verbessern – ihr

9 mit Freunden ständig per E-Mail in Verbindung bleiben – er

10 Zeitungen aus aller Welt online lesen – sie *(pl)*

11 stundenlang virtuelle Autorennen organisieren – mein kleiner Bruder

12 den ganzen Abend beim Internet-Chat verbringen – manche Leute

The imperfect subjunctive

Z1 Unit 7 page 83
Z1 Grammar 7.3, page 164

Reminder

The imperfect subjunctive can also be used instead of *würde* + infinitive.

With weak verbs it is exactly the same form as the normal imperfect. To form the imperfect subjunctive of strong verbs, start from the imperfect stem, add the endings -e, -est, -e, -en, -t, -en, -en and add umlaut to the main vowel if you can:

| kommen | ich kam | ich **käme** | *I would come* |
| gehen | ich ging | ich **ginge** | *I would go* |

For mixed verbs, use the imperfect tense and add umlaut to the main vowel, if possible:

| denken | ich dachte | ich **dächte** |
| wissen | ich wusste | ich **wüsste** |

Reminder

With modals and auxiliaries, the imperfect subjunctive is usually preferred to express the conditional, so it is important to learn these properly. Again, start with the imperfect and add umlaut to the vowel if possible (except for *wollen* and *sollen*). *War* also adds the same endings as other verbs.

haben	ich **hätte**
sein	ich **wäre**
können	ich **könnte**
mögen	ich **möchte**

C Write the imperfect subjunctive forms of these strong verbs:

1 schreiben   ich _____
2 empfangen   du _____
3 lesen   er _____
4 ein/laden   sie *(sg)* _____
5 verbringen   man _____
6 sich entscheiden   wir _____
7 an/nehmen   ihr _____
8 vergessen   sie *(pl)* _____
9 gewinnen   Sie _____
10 lügen   ich _____

D What would these people do if they suddenly had a lot of money? Fill in the verbs, using the imperfect subjunctive:

Ich *lüde* alle meine Freunde zu einer großen Party *ein (einladen)*.

1 Mein bester Freund _____ mit InterRail durch ganz Europa *(fahren)*.
2 Meine Freundin _____ sich vom besten Londoner Friseur die Haare schneiden *(lassen)*.
3 Mein kleiner Bruder _____ alle seine Freunde ins Disneyland Paris _____ *(mit/nehmen)*.
4 Meine Schwester _____ jeden Tag ein tolles neues Outfit _____ *(an/ziehen)*.
5 Mein Opa _____ mit einem Privatflugzeug an die Costa Brava *(fliegen)*.

E Match the sentence halves to make sense:

1 Wenn ich Geld hätte,
2 Wenn mein Vater reich wäre,
3 Wenn ein Gerät in meinem Zimmer stände,
4 Wenn ich jeden Abend so lange fernsehen dürfte,
5 Wenn ich jeden Tag die Zeitung läse,
6 Wenn ich besser informiert sein möchte,
7 Wenn ich Moderatorin würde,
8 Wenn ich mich mit meiner Familie richtig unterhalten wollte,
9 Wenn ich in meinem Zimmer keine tolle Stereoanlage hätte,
10 Wenn ich nur ein bisschen selbstdisziplinierter wäre,

a würde mir das Aufstehen am nächsten Tag schwer fallen.
b müssten wir den Apparat ausschalten.
c wäre ich besser informiert.
d würde ich nicht so viel Zeit mit sinnlosen Sendungen vergeuden.
e würde ich mir einen Fernseher für mein Zimmer kaufen.
f könnte ich viele berühmte Persönlichkeiten treffen.
g würde ich die ganze Zeit im Wohnzimmer vor dem Fernseher verbringen.
h müsste er nicht mehr arbeiten.
i sollte ich mir jeden Tag die Tagesschau anschauen.
j könnte ich jeden Abend bis Mitternacht fernsehen.

1	2	3	4	5	6	7	8	9	10

The conditional in *wenn* clauses

Z1 Unit 11 page 143
Z1 Grammar 7.2, page 164

Reminder

There must be a conditional in both the *wenn* clause and the main clause. If the imperfect subjunctive of both verbs is the same as the normal imperfect, *würde* + infinitive must be used for one verb in order to show the conditional. But *würde* + infinitive twice tends to sound clumsy and is avoided.

A Underline or highlight the verbs in the conditional and, on separate paper, translate the sentences into English:

1 Wenn wir kein Kabelfernsehen hätten, könnten wir nur fünf Programme sehen.
2 Wenn die Landkanäle in Deutschland keine Werbung zeigten, wären die Fernsehgebühren noch teurer.
3 Wenn Kindersendungen nicht so viel Werbung enthielten, würden Kinder ihre Eltern danach nicht so sehr mit ihren Konsumwünschen plagen.
4 Wenn Fernsehstars in Seifenopern auf das Rauchen verzichteten, gäbe es weniger nikotinabhängige Menschen.
5 Wenn der Fernseher ab und zu kaputt ginge, unterhielten sich die Familien wieder mehr miteinander.
6 Wenn ich körperlich aktiver sein wollte, dürfte ich nicht jeden Tag so lange vor den Seifenopern sitzen.
7 Wir würden nicht so viel Zeit sinnlos verschwenden, wenn wir unser eigenes Fernsehprogramm sorgfältiger zusammenstellten.
8 Filme im Satellitenfernsehen hätten größere Einschaltquoten, wenn man sie nicht ständig durch Werbespots unterbrechen würde.
9 Jugendliche würden weniger Verbrechen begehen, wenn man Filme mit zu viel Gewalt verbieten würde.
10 Wir würden ein ausgefüllteres Leben führen, wenn das Fernsehprogramm nicht ständig unser Leben beherrschte.
11 Viele Menschen wären traurig, wenn es plötzlich ihre Lieblingsseifenoper nicht mehr gäbe.
12 Wenn sie keinen Fernseher hätten, langweilten sich viele Leute sehr.

B On separate paper, answer the questions, using the conditional in both clauses as described above:

Was würde Ihr Freund tun, wenn er kein Geld hätte? *(zur Bank gehen)*
Wenn mein Freund kein Geld hätte, ginge er zur Bank.
Wenn er kein Geld hätte, würde er zur Bank gehen.

1 Was würden Sie machen, wenn Sie ein Problem hätten? *(mit einem guten Freund sprechen)*
2 Was würde passieren, wenn der Computer Ihrer Eltern nicht mehr gut funktionierte? *(versuchen, ihn zu verkaufen)*
3 Was würde Ihre Mutter tun, wenn sie unbedingt einen neuen Film anschauen möchte? *(ins Kino gehen)*
4 Was wäre möglich, wenn Ihr deutscher Brieffreund Ihnen ein Abonnement für eine Zeitung schenkte? *(jeden Tag eine deutsche Zeitung lesen können)*
5 Was würde Ihr Direktor tun, wenn eine Zeitung etwas Falsches über Ihre Schule druckte? *(einen Leserbrief an die Zeitung schreiben)*
6 Was würden Ihre Freunde tun, wenn sie in der Zeitung eine interessante Stelle sähen? *(sich um die Stelle bewerben)*
7 Und wenn dann die Firma lange nicht antwortete, was dann? *(die Firma anrufen)*
8 Wenn Ihre jüngere Schwester in der Zeitung eine Anzeige für tolle, preisgünstige Trainingsschuhe fände, was täte sie dann? *(die Schuhe an/probieren und kaufen)*
9 Was würden Sie tun, wenn Sie im Lotto gewännen? *(eine Weltreise machen)*
10 Was täte Ihr Vater, wenn er plötzlich arbeitslos wäre? *(sich eine neue Stelle suchen)*

Reminder

A different word order is also possible, as can sometimes be found in English:
Hätte ich kein Geld, **so ginge** ich zur Bank.

C If you feel brave enough, try experimenting with the sentences in exercise B, rewriting them without the *wenn*.

The future perfect

Z1 Unit 10 page 127
Z1 Grammar 7.5, page 165

Reminder

The future perfect is formed from the present tense of *werden* and the perfect infinitive (past participle of main verb and infinitive of *haben* or *sein*):

sie **werden eingeführt haben**	*they will have introduced*
sie **werden beigetreten sein**	*they will have joined*

At AS level, this tense is for recognition only.

D Examine the following sentences carefully, decide what the tense is (perfect, future or future perfect), and then, on separate paper, translate the sentences into English:

1 Wir werden überall in Europa leben können.
2 De Gaulle und Adenauer haben viele Verhandlungen miteinander geführt.
3 Der Traum eines vereinten Europas wird endlich Wirklichkeit geworden sein.
4 Der Binnenmarkt wird die Exportmöglichkeiten für britische Firmen erheblich verbessert haben.
5 Deutsches Bier und britische Erzeugnisse werden überall in Europa zum gleichen Preis erhältlich sein.
6 Das Schengen-Abkommen hat ein Europa ohne Schlagbäume möglich gemacht.
7 Der erfolgreiche Geschäftsmann der Zukunft wird eine Zeit lang in verschiedenen europäischen Betrieben gearbeitet haben.
8 Die Anzahl multinationaler Gesellschaften wird beträchtlich zugenommen haben.
9 Jugendliche werden auf die Arbeitswelt besser vorbereitet sein, wenn sie mehrere Fremdsprachen gelernt haben.
10 Wir werden alle viele Erfahrungen mit dem Internet gesammelt haben.
11 In vielen Kindergärten sind schon Computer eingeführt worden.
12 Man wird mehr Geld für die Krebs- und Aidsforschung zur Verfügung stellen.

The conditional perfect

Z1 Unit 8 page 103
Z1 Grammar 7.4, page 165

Reminder

The conditional perfect (pluperfect subjunctive) is used to express what would have happened if ... It is formed from *haben* or *sein* in the imperfect subjunctive (*hätte/wäre*), and the past participle.

ich **hätte gewohnt**	*I would have lived*
ich **wäre gereist**	*I would have travelled*

At AS level, this tense is for recognition only.

E Underline or highlight the verbs in the conditional perfect and, on separate paper, translate the sentences into English:

1 Wenn Thomas in der Schule Spanisch gelernt hätte, hätte er die Stelle in Barcelona annehmen können.
2 In der spanischen Zweigstelle seiner Bank hätte er viel Geld verdient.
3 Er hätte das wunderbare spanische Wetter genossen.
4 Zweimal im Jahr wäre er bestimmt nach Deutschland zurückgefahren.
5 Wegen der EU hätte er sicher keine Schwierigkeiten mit den Formalitäten bekommen.
6 Er wäre mindestens zwei Jahre lang in Spanien geblieben.
7 Jedes Wochenende wäre er an den Strand gegangen.
8 Er hätte sich schnell an die spanische Lebensweise gewöhnt.
9 Es wäre ihm schwer gefallen, wieder in die Heimat zurückzukehren.
10 Nach seiner Rückkehr hätte er das angenehme Klima vermisst.
11 Er wäre dann vielleicht wieder nach Spanien zurückgekehrt.
12 Ja, wenn er sich in der Schule nur mehr angestrengt hätte!
13 Wenn er bessere Sprachkenntnisse gehabt hätte, wären seine beruflichen Chancen viel besser gewesen.

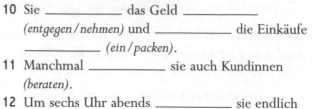

Revision of tenses

The present tense

A Put these verbs into the present tense. They describe what one might do on a Saturday:

1 spät auf/stehen
   ich _____

2 zuerst die Zeitung lesen
   du _____

3 ein bisschen fern/sehen
   er _____

4 gemütlich ein Bad nehmen
   man _____

5 keine Lust zum Arbeiten haben
   wir _____

6 einen Freund an/rufen
   ihr _____

7 sich mit ihm in der Stadt treffen
   sie _____

8 den ganzen Samstag vergeuden
   Sie _____

B This student uses her Saturdays to earn money. Fill the gaps by putting the verbs in brackets into the present tense:

1 Gisela _____ samstags ziemlich früh _____ (auf/wachen).

2 Sie _____ mit dem Bus zur Stadtmitte (fahren).

3 Dort _____ sie _____ (aus/steigen) und _____ _____ _____ _____ _____ zum Kaufhaus (sich auf den Weg machen).

4 Im Kaufhaus _____ sie als Teilzeitkraft angestellt (sein).

5 Sie _____ in der Damenkonfektion (arbeiten).

6 Morgens _____ sie die Kabinen (überwachen).

7 In der Mittagspause _____ sie _____ mit ihrem Freund (sich treffen).

8 Sie _____ im Park _____ (spazieren gehen) und _____ _____ _____ (zu Mittag essen).

9 Am Nachmittag _____ sie an der Kasse (stehen).

10 Sie _____ das Geld _____ (entgegen/nehmen) und _____ die Einkäufe _____ (ein/packen).

11 Manchmal _____ sie auch Kundinnen (beraten).

12 Um sechs Uhr abends _____ sie endlich mit der Arbeit _____ (auf/hören).

The perfect tense

C On separate paper, write a letter to your German penfriend describing your last holiday in Switzerland with a youth group. Include these notes from your diary.

nach Zürich fliegen (wir)
mit dem Bus nach Winterthur weiter/fahren (wir)
auf einer Berghütte übernachten (wir)
allen bestimmte Aufgaben zu/weisen (unser Leiter)
eine sechsstündige Wanderung unternehmen (wir)
am Abend total k.o. heim/kommen (wir)
gemeinsam das Essen zu/bereiten (alle)
sich danach ans Lagerfeuer setzen (wir)
einander Gruselgeschichten erzählen (wir)
sich ein bisschen fürchten (ich)
am nächsten Tag auf einen hohen Berg steigen (wir)
eine wunderbare Aussicht genießen (wir)
die Anstrengung nicht bereuen (ich)

D The preparations for that trip seemed never-ending! Select the correct verb form:

Alle meine Freunde haben in die Schweiz mitfahren (**1** gewollt/wollen). Ich habe mir einen neuen Pass besorgen (**2** gemusst/müssen). Dazu habe ich mir Passbilder machen (**3** gelassen/lassen). Leider habe ich die Bilder nicht besonders (**4** mögen/gemocht). Dann habe ich noch wasserfeste Kleidung und Wanderschuhe kaufen (**5** sollen/gesollt). Leider habe ich mich nicht so schnell entschließen (**6** gekonnt/können) und am Vorabend unserer Abreise hat meine Mutter noch schnell mit mir in die Stadt (**7** müssen/gemusst). Sie hat es kommen (**8** gesehen/sehen). Wir haben nur das Nötigste kaufen (**9** gewollt/wollen) und doch hat meine Mutter über £200 dafür hinlegen (**10** gedurft/dürfen). Doch hat sie sich nichts anmerken (**11** lassen/gelassen).

The imperfect tense

E Georg's grandfather tells you about life straight after the war. Rewrite this paragraph on separate paper in the imperfect tense:

In den Jahren nach dem Krieg leben wir sehr einfach. Die meisten Leute sind ziemlich arm. Die Reichsmark verliert immer mehr an Wert. Die Geschäfte wollen sie nicht mehr annehmen. Man tauscht Holz und Kohle gegen die wenigen Waren, die es noch gibt. Der Schwarzmarkt blüht. Die amerikanischen Soldaten in unserer Zone kommen uns reich vor. Sie geben uns Kindern ab und zu Schokolade und schenken meiner Mutter Zigaretten und Kaffee. Doch am 20. Juni 1948 führt die Regierung die D-Mark ein. Jeder bekommt DM 40 als Startkapital. Ab jetzt geht es wieder aufwärts. Die Deutschen fangen wieder von vorne an. Die neue Währung bringt Stabilität und wirtschaftlichen Aufschwung.

The pluperfect tense

F The passage describes how some foreign workers were invited to Germany. Fill the gaps with words from the box:

1. Viele Männer _____ nicht aus dem Krieg _____ .
2. Deutschland _____ wieder wirtschaftlich _____ .
3. Die aufblühende Industrie _____ dringend Arbeitskräfte _____ .
4. Wirtschaftsminister Erhardt _____ einen Plan _____ .
5. Vertreter der Bundesregierung _____ in die Mittelmeerländer _____ .
6. Schon vor ihrer Ankunft _____ man die Anwerbungskampagne mit Plakaten _____ .
7. Viele Männer _____ in den von Deutschland eingerichteten Büros _____ .
8. Nach einer gründlichen ärztlichen Untersuchung _____ sie die Erlaubnis _____ , ein Jahr lang in Deutschland zu arbeiten.

> hatte angekündigt   hatte benötigt
> waren zurückgekehrt   waren gereist
> hatten sich beworben   hatte sich erholt
> hatte ausgearbeitet   hatten bekommen

The future tense

G Sandra and Jochen are planning the time after their A-levels. On separate paper, write their plans in the future tense using the verbs in brackets:

Sandra *(sich suchen)* eine Stelle als Aushilfskraft in einem Büro. Dort *(tippen)* sie und sie *(verteilen)* Post. Sie *(lernen)* hoffentlich ein neues Textverarbeitungsprogramm. In einem Büro *(verdienen)* sie hoffentlich mehr Geld als in einem Supermarkt. Außerdem *(sein)* es angenehmer, als Regale aufzufüllen.

Jochen *(machen)* ein Betriebspraktikum in einem Ingenieursbüro. Dort *(zeichnen)* er geografische Karten und *(begleiten)* Ingenieure beim Baustellenbesuch. Dieses Praktikum *(brauchen)* er für sein Ingenieurstudium an der Uni Göttingen. Leider *(verdienen)* er dabei kein Geld, aber sie *(bezahlen)* ihm wenigstens sein Fahrgeld. Es *(gefallen)* ihm sicherlich.

Danach *(fahren)* die beiden in Urlaub. Sie *(fliegen)* mit einer Chartermaschine nach Ibiza und *(teilen)* mit sechs anderen Freunden eine Villa. Jeden Tag *(sich sonnen)* sie am Strand und am Abend *(tanzen)* sie lange in den Diskos. Morgens *(auf/stehen)* sie sicher nicht früh. Alle *(sich amüsieren)* toll. Nach ihrer Heimkehr *(erfahren)* sie die Ergebnisse ihrer Abiturprüfungen. Sie *(sein)* alle sehr aufgeregt. Ein neuer Lebensabschnitt *(beginnen)*.

Conditional sentences

H Angelika is dreaming! On separate paper, put her thoughts into the conditional, using either *würde* + infinitive or imperfect subjunctive, whichever you consider more appropriate:

1. Wenn ich Geld habe, tue ich viel.
2. Ich kaufe mir einen kleinen Wagen.
3. Ich fahre damit überall in der Gegend herum.
4. Ich nehme ab und zu meine besten Freunde mit.
5. Wir verbringen viel Zeit an der See.
6. Ich bin total unabhängig.
7. Ich warte nicht mehr auf Busse.
8. Ich komme früher von der Schule nach Hause.
9. Ich kann für meine Mutter Besorgungen erledigen.
10. Wir bleiben lange auf Partys.
11. Ich bin bei meinen nichtmotorisierten Freunden sehr beliebt.
12. Ich spare unheimlich viel Zeit.

Verbs – the extras

The passive voice

Z1 Unit 8 page 97
Z1 Grammar 7.7, page 166

Reminder

The passive is formed from *werden* + past participle:

ich **werde beobachtet**   *I am (being) observed*

The passive can be formed in all the tenses, e.g.:

imperfect	ich **wurde beobachtet**	
	I was observed	
perfect	ich **bin beobachtet worden**	
	I have been/was observed	
pluperfect	ich **war beobachtet worden**	
	I had been observed	
future	ich **werde beobachtet werden**	
	I will be observed	

A Underline the passive forms in these sentences and translate the sentences into English on separate paper:

1 Ganz allgemein wird nicht genug für die Umwelt gemacht.
2 In der Umweltpolitik wird nicht genug getan.
3 Umweltorganisationen wie Greenpeace werden zu oft ignoriert.
4 Abwässer von Chemiefirmen wurden oft versehentlich in den Rhein geleitet.
5 Chemische Düngemittel waren in der Landwirtschaft verwendet worden.
6 Der Trend zu feuchteren Sommern und wärmeren Wintern wird durch das Treibhausgas CO_2 verursacht.
7 Sonnenstrahlen werden auf der Wasseroberfläche stark reflektiert.
8 In der BRD wird Atomkraft in 19 Kraftwerken zur Stromversorgung produziert.
9 Zwölf Tage nach dem Reaktorunfall in Tschernobyl wurde noch eine hohe Radioaktivität gemessen.
10 Der verwertbare Müll wird einmal im Monat zur Sammelstelle gebracht werden.

B Here's a list of what many German communities do to clean up the environment. Write sentences in the passive on separate paper.

Plastiktüten mehrmals verwenden
Plastiktüten **werden** *mehrmals* **verwendet**.

1 Papierkörbe überall auf/stellen
2 die Missetäter bestrafen
3 den Haushaltsmüll sortieren
4 Komposthaufen in Gärten an/legen
5 Glas, Metall und Plastik getrennt sammeln
6 gelbe Säcke für Wertmüll verteilen
7 Sperrmüll regelmäßig ab/holen
8 Plastikflaschen durch Glasflaschen ersetzen
9 Zeitungen und Altpapier bündeln
10 den Restmüll auf ein Minimum reduzieren

C Before everyone agreed to do their best for the environment, it was an uphill task for politicians to persuade people. Change the active sentences into the imperfect tense passive.

Man klärte die Bevölkerung auf.
Die Bevölkerung wurde aufgeklärt.

1 Man hängte überall Poster auf.

_____

2 Man interviewte den Umweltminister im Fernsehen.

_____

3 Man begann eine intensive Werbekampagne.

_____

4 Man verteilte Flugblätter.

_____

5 Man organisierte Veranstaltungen zum Thema Umwelt.

_____

6 Man demonstrierte den korrekten Umgang mit gelben Säcken.

_____

7 Kinder malten Poster zum Thema die Umweltverschmutzung.

_____

8 Man veranstaltete Wettbewerbe mit Preisen.

_____

9 Man stellte fantasievolle Stofftaschen her.

_____

10 Zu Anfang teilte man sie noch kostenlos aus.

_____

D Now talk to your friend about how things got started. On separate paper, put the sentences in exercise C into the perfect tense of the passive voice:

Man klärte die Bevölkerung auf.
Die Bevölkerung ist aufgeklärt worden.

Reminder (7.7.3)

Any modal verb (*dürfen, können, müssen* etc.) can be combined with a verb in the passive. The tense is expressed through the modal verb and the other verb always stays in the passive infinitive (*werden* and past participle):

das **muss** sofort **gemacht werden**
this has to be done straight away

das **hat** gleich **erledigt werden können**
this could be done immediately

(See also page 52.)

Reminder (7.7.4)

In the impersonal passive the subject of the verb is the impersonal *es*. If it is not in first position, it can even be left out.

Man sprach lange darüber. = Es wurde lange darüber gesprochen/Darüber wurde lange gesprochen.

This construction is always used for the passive of verbs that take dative objects.

Ihm wurde geholfen, den Müll zu trennen.

At AS-level, these constructions are for recognition only.

E Match the sentence halves so that the statement makes sense:

1 Wenn man an die Grenze kam,
2 Zeitungen und Zeitschriften
3 Ein Antrag auf Ausreiseerlaubnis
4 Für einen Besuch in Ostberlin hat
5 Ein Mindestbetrag von DM25 pro Tag und pro Person
6 Das Ostgeld sollte dann
7 Viele Ostberliner mochten gerne einmal
8 Aber es konnte nicht
9 Der Checkpoint Charlie kann
10 Die großen Unterschiede in der Lebensweise
11 Nach Honecker sollte die Mauer

a hat immer umgetauscht werden müssen.
b ein Visum immer beantragt werden müssen.
c in Ostberlin ausgegeben werden.
d in den folgenden fünfzig Jahren nicht abgerissen werden.
e musste gestellt werden, wenn man aus dringenden familiären Gründen nach Westdeutschland wollte.
f noch heute besichtigt werden.
g erlaubt werden.
h müssen jetzt in beiden Teilen Deutschlands überwunden werden.
i musste immer der Pass vorgezeigt werden.
j nach Westberlin mitgenommen werden.
k durften überhaupt nicht mit in die DDR genommen werden.

1	2	3	4	5	6	7	8	9	10	11

F Back to the environment! Underline or highlight the passive form, and translate the sentences into English on separate paper.

1 Es wurde ihnen erklärt, warum die Umwelt so bedroht war.

_____

_____

2 Dem Fernsehpublikum wurden Bilder von Müllbergen und Ozonloch gezeigt.

_____

_____

3 Es wurde ihnen gesagt, dass man schnell etwas tun solle.

_____

_____

4 Zunächst wurde ihnen empfohlen, Altpapier zu sammeln.

_____

_____

5 Dann wurde ihnen geraten, sich einen Katalysator ins Auto einbauen zu lassen.

_____

_____

6 Es wurde ihnen auch vorgeführt, wie man mit Aluminium und Plastik umgehen sollte.

_____

_____

7 Alten Menschen wurde anfangs geholfen, ihren Müll zu sortieren.

_____

_____

8 Abfallsünder wurde befohlen, eine Strafe zu zahlen.

_____

_____

The imperative

Z1 Unit 5 page 63
Z1 Grammar 7.8, page 167

Reminder (7.8.1)

With most verbs, the familiar command in the singular is formed from the second person singular:

infinitive	2nd pers. sg.	imperative
machen	du machst	**mach!**
auf/hören	du hörst auf	**hör auf!**
sich stellen	du stellst dich	**stell dich!**
essen	du isst	**iss!**

With strong verbs whose main vowel (a or au) changes to ä or äu in the second person singular, you start with the infinitive:

infinitive	imperative
fahren	**fahr!**
laufen	**lauf!**
sich waschen	**wasch dich!**

A Your German penfriend's family want you to have a good time with them, and are gently admonishing you to do things. Put the infinitives into the appropriate imperative forms on separate paper:

herein/kommen   *Komm herein!*

1 sich bedienen
2 mehr essen
3 den guten deutschen Wein probieren
4 mal zu Hause an/rufen
5 sich noch mehr nehmen
6 sich hin/setzen
7 einfach nichts tun
8 mit dem Taxi heim/fahren
9 es sich bequem machen
10 die deutsche Zeitung lesen

B You are an au pair in Germany and you are telling your young charge what to do. Rewrite these sentences in the imperative on separate paper:

1 Du sollst beim Basteln immer eine Schürze anziehen!
2 Vor dem Essen sollst du dir die Hände waschen!
3 Du sollst dir etwas Warmes anziehen!
4 Kannst du nicht ein bisschen besser aufpassen?
5 Könntest du bitte etwas schneller laufen?
6 Würdest du bitte dein Rad in die Garage fahren?
7 Wie wäre es, wenn du deinen Teller leer essen würdest?
8 Du darfst jetzt eine halbe Stunde fernsehen.

Reminder (7.8.2)

The familiar plural is formed from the second person plural present tense without the personal pronoun:

infinitive	2nd pers. pl.	imperative
sich hin/setzen	ihr setzt euch hin	**setzt euch hin!**
ein/kaufen gehen	ihr geht einkaufen	**geht einkaufen!**

C Your teacher is advising you on successful German studies. On separate paper, put all the verb forms in the imperative in the familiar plural form:

nicht alles im Wörterbuch nach/schlagen
Schlagt nicht alles im Wörterbuch nach!

1 alle neuen Wörter ins Vokabelheft ein/tragen
2 jeden Abend vor dem Schlafengehen alle Vokabeln nochmals durch/lesen
3 sich viele Sendungen im deutschen Fernsehen an/schauen
4 viel Kontakt mit Deutschen suchen
5 alle Hausaufgaben rechtzeitig ab/geben
6 am Abend nicht zu spät ins Bett gehen
7 für ausreichende körperliche Bewegung sorgen

Reminder (7.8.3)

The polite form of the imperative is formed by inverting the polite form (*Sie*) of the verb:

infinitive	2nd pers. formal	imperative
ab/fahren	Sie fahren ab	**fahren Sie ab!**
sich hin/setzen	Sie setzen sich hin	**setzen Sie sich hin!**

D Tell your penfriend's parents what to do in London. On separate paper, turn the infinitives into the polite form of the imperative:

eine Fahrt auf der Themse machen
Machen Sie eine Fahrt auf der Themse!

1 sich eine Dreitagekarte für Untergrundbahn und Busse kaufen
2 sich ein Theaterprogramm besorgen
3 sich die berühmten Gemälde der Nationalgalerie an/sehen
4 in Soho essen gehen
5 am Abend durch Covent Garden spazieren gehen

Questions

Z1 Orientierung page 11
Z1 Grammar 8.3, page 169

Reminder

Statements are turned into questions by inverting the subject and the verb:

Mozart ist in Salzburg geboren.
Ist Mozart in Salzburg geboren?

Any question word is placed in the initial position:
Wo ist Mozart geboren?

E Translate these questions into English on separate paper:

1 Wie viele Menschen in Europa sprechen Deutsch?
2 Welche Länder grenzen an Deutschland an?
3 Wie weit ist Hamburg von München entfernt?
4 Seit wann ist Deutschland wiedervereinigt?
5 Sind Sie jemals in Ostberlin gewesen?
6 Warum haben die Deutschen so viele Feiertage?

F On separate paper, turn these statements into questions. Use the question words in brackets, if applicable, and omit any words in the original sentence which no longer make sense.

Sachsen wurde 1990 ein neues Bundesland. *(wann?)*
Wann wurde Sachsen ein neues Bundesland?

1 Hamburg hat wirklich alles, was man braucht. *(?)*
2 Füssen liegt in Süddeutschland, unweit von den Alpen. *(wo genau?)*
3 Neuschwanstein wird das Traumschloss Ludwigs des Zweiten genannt. *(wie?)*
4 Wenn ich jobbe, muss ich traditionelle bayrische Kleidung tragen. *(was für?)*
5 Mozart wurde 1756 in Salzburg geboren. *(wann?)*
6 Mit seinen Opern hat er große internationale Anerkennung erreicht. *(womit?)*

Negative sentences

Z1 Unit 8 page 101
Z1 Grammar 8.2, page 168–9

Reminder

Nicht goes as close as possible to the end of the clause, but must precede certain expressions such as **infinitives, adjectives, past participles**:

Die Regierung hat so ein Gesetz noch **nicht** eingeführt.

To negate specific elements and possibly contrast them with alternatives, *nicht* is placed in front of the word it negates:

Bei den Grünen hat **nicht** die Kostensparung Vorrang, sondern der Umweltschutz.

G On separate paper, make these sentences negative by adding *nicht*:

1 In manchen Kommunen Deutschlands wird der Müll immer noch getrennt.
2 Das bleifreie Benzin hat die Fahrgeschwindigkeit beeinflusst.
3 Die Fabriken leiten ihre Abwässer in die Flüsse.
4 FCKW-freie Sprays sind verboten.
5 Die meisten Menschen ignorieren die Ratschläge der Politiker.

H On separate paper, make the following statements negative by putting *nicht* where you think it fits best:

1 Für die Wiederverwertung von Wertstoffen ist genug getan worden.
2 Ich würde unbedingt jeden Tag mit dem Fahrrad fahren.
3 Er ist immer daran interessiert, Strom zu sparen.
4 Sie macht sich die Mühe, ihre Blechdosen gründlich auszuwaschen.
5 Bei der Atomenergie steht die Sicherheit der Bevölkerung im Vordergrund.

Reminder (1.2)

Kein negates nouns, unless they are used with a definite article.

I On separate paper, add the appropriate form of *kein* to these sentences to make them negative:

1 Sie hat Motivation für ihr Studium.
2 Auf diese Weise kann man Geld sparen.
3 Warum hast du einen Kater?
4 Ich esse Fleisch.
5 Er hat wieder mal Geld!

Infinitive constructions

Z1 Grammar 7.9, page 167–8

Reminder (7.9.1, 7.9.2, 7.9.4)

Apart from modal verbs, most verbs are followed by an infinitive construction with *zu*:

Ich habe vor, sofort nach meinem 18. Geburtstag meinen Führerschein **zu** machen.

If the verb has a separable prefix, *zu* goes between the prefix and the infinitive:

Es macht uns Spaß, als Gruppe zusammen am Samstagabend aus**zu**gehen.

A Underline the main verbs and the infinitive constructions. Then translate the sentences into English on separate paper:

1 Florian fand es schwer, in der DDR zu leben.
2 Seine häufigen Briefkontakte mit Verwandten in der BRD hatten ihn dazu gebracht, das DDR-Regime abzulehnen.
3 Es passte ihm überhaupt nicht, in die Jungen Pioniere einzutreten.
4 Er hatte das Gefühl, überall bespitzelt zu werden.
5 Aus diesem Grund beschloss er, einen Antrag auf Ausreise in die BRD zu stellen.

Reminder (7.9.3)

Another construction which uses the infinitive is *um ... zu* (in order to). As with the above constructions, the infinitive always goes to the end of the clause.

B On separate paper, link these sentences using *um ... zu*:
Er kauft sich ein Mobiltelefon. Er möchte unabhängig sein.
Er kauft sich ein Mobiltelefon, **um** unabhängig **zu** sein.

1 Sie ruft ihre Freundin an. Sie lädt sie zur Party ein.
2 Er repariert sein Motorrad. Er will damit zur Schule fahren.
3 Er nimmt einen Kredit auf. Er möchte als Student nicht immer arm sein.
4 Wir sehen jeden Tag eine deutsche Fernsehsendung. Wir möchten besser Deutsch verstehen.
5 Sie besorgen sich ein besseres Wörterbuch. Sie möchten die Fachausdrücke richtig übersetzen.

Reminder (7.9.3)

Other constructions which follow the same pattern as *um ... zu* are: *anstatt ... zu* (instead of doing), *außer ... zu* (apart from doing) and *ohne ... zu* (without doing).

C On separate paper, link these sentences using the suggested preposition:
Er ging jeden Abend aus. Er machte seine Hausaufgaben nicht richtig (*anstatt*).
Er ging jeden Abend aus, **anstatt** seine Hausaufgaben richtig **zu** machen.

1 Sie rannte bei strömendem Regen aus dem Haus. Sie nahm keinen Schirm mit (*ohne*).
2 Ihr Auto war kaputt. Sie konnten nichts tun. Sie mussten daheim bleiben (*außer*).
3 Sie trainiert nicht. Sie sitzt nur den ganzen Tag vor dem Fernseher (*anstatt*).
4 Er kaufte ihr einen Verlobungsring. Er sagte ihr nichts davon (*ohne*).
5 Wir hatten alles erledigt. Es war nichts mehr zu tun. Wir konnten uns entspannen (*außer*).

Reminder (7.9.5)

Lassen and a few other verbs (*hören, sehen, fühlen*) behave like modal verbs, i.e. they are followed by an infinitive without *zu*:

Wir **ließen** uns einen Internetanschluss **installieren**.

D On separate paper, use the words in brackets to write new sentences:
Er bringt sein Auto in die Werkstatt (*reparieren lassen*).
Er lässt sein Auto reparieren.

1 Meine Hose ist zu lang (*kürzen lassen*).
2 Sie hat keine Zeit, um die Bücher abzuholen (*nach Hause liefern lassen*).
3 Er hat schreckliche Zahnschmerzen (*den Zahn plombieren lassen*).
4 Wir wollten ins Restaurant gehen (*einen Tisch reservieren lassen*).
5 Schließlich mussten wir bezahlen (*die Rechnung kommen lassen*).

The subjunctive in indirect speech

Z1 Unit 7 page 85
Z1 Grammar 7.6, page 165

Reminder (7.6.1)

The present subjunctive is used to report speech which was originally in the present tense. It is formed by adding the following endings to the stem of the verb (infinitive minus (e)n): -e, -est, -e, -en, -et, -en, -en. The only exception is **sein**:

wollen	er **wolle**		
haben	er **habe**	But:	
werden	er **werde**	sein	er **sei**

The future subjunctive (to report future events) consists of the present subjunctive of *werden* and infinitive.

E Underline the verbs in indirect speech. Then translate them into English on separate paper and compare the English and German tenses:

> Er sagte seinem Freund, er wolle nächste Woche zum Pokalspiel gehen.
>
> *He told his friend he wanted to go to the cup match next week. German = present tense, English = past tense*

1 Sein Freund fragte ihn, ob er ihm eine Karte besorgen könne.

2 Er antwortete ihm, dass das Spiel total ausverkauft sei.

3 Er betonte allerdings, dass er versuchen werde, noch eine zu bekommen.

4 Sein Vater erzählte ihm am Abend, er habe keine Aussichten darauf.

Reminder

Most reported speech (or thought) is in the 3rd person singular and plural. In the 3rd person plural the present subjunctive forms are the same as the normal present tense forms, and to avoid ambiguity the imperfect subjunctive (see page 59) is used instead. To avoid ambiguity in future tense forms, the imperfect subjunctive of *werden* is used with the infinitive.

F Underline the verbs in the subjunctive and note which tense they are:

1 Der Manager rief an mit der Nachricht, die Spieler kämen schon am Vormittag an. _____

2 Die Fans bestätigten, dass sie sich alle das neue Trikot anschaffen wollten. _____

3 Die Jugendlichen beteuerten, sie seien schon seit Jahren bei allen Spielen anwesend. _____

4 Viele Leute behaupteten, dass sich ein paar Rowdys schon vor dem Spiel betränken. _____

Reminder (7.6.2)

In reporting speech or thought relating to a past event, only the perfect and pluperfect subjunctive are used. The perfect subjunctive is formed from the present tense subjunctive of *haben* or *sein* plus past participle. As before, if the perfect subjunctive coincides with the ordinary perfect tense, the pluperfect subjunctive (conditional perfect – see page 61) is used instead:

Die Studenten erklärten, sie seien am Abend in den Park gegangen.
Sie fuhren fort, dort hätten sie eine rechtsradikale Gruppe getroffen.

G Underline the verbs in the subjunctive and explain what tense they are in and why:

1 Nach Aussagen der Polizei hätten sich die Rechtsradikalen schon am Nachmittag da versammelt. _____

2 Der Polizeichef betonte, die Jugendlichen seien ihnen schon vorher aufgefallen. _____

3 Die ausländischen Einwohner bestätigten, dass einige Hakenkreuze auf ihren Hemden getragen hätten. _____

4 Einige Kneipenbesitzer berichteten, dass die Jugendlichen gegen Mitternacht in die Bars eingedrungen seien. _____

H On separate paper, put the following sentences into indirect speech:

> Eine Siebzigjährige rief aufgeregt: „Hilfe, zwei Männer haben mich überfallen!"
>
> *Sie rief aufgeregt, zwei Männer hätten sie überfallen.*

1 Die alte Dame berichtete: „Die Diebe sind direkt auf mich zugekommen."

2 „Sie haben mir die Handtasche weggerissen."

3 „Und dann sind sie weggerannt."

4 „Einige der Passanten haben sie verfolgt."

Revision of verbs, the extras

The passive

A Grete shares a house with other students, and does all her household chores on Saturday mornings. On separate paper, write what is achieved in a few hours using the present tense passive:

1 das Bett machen
2 die Waschmaschine benutzen
3 die Blusen von der letzten Woche bügeln
4 die Einkaufsliste schreiben
5 die Einkäufe machen
6 die Lebensmittel in den Kühlschrank räumen
7 das Zimmer und den Flur saugen
8 die Papierkörbe aus/leeren
9 ausgeliehene Bücher in die Bibliothek zurück/bringen
10 ihre Bücher und ihr Material für die Uni auf/räumen

B Various people have helped Hans as he starts at university. On separate paper, put these sentences into the passive:

Sein Vater <u>brachte</u> sein Bett und seinen Schreibtisch von zu Hause <u>mit</u>.
Sein Bett und sein Schreibtisch wurden von seinem Vater von zu Hause mitgebracht.

1 Seine Tante <u>nähte</u> ihm die Vorhänge.
2 Sein Freund <u>zimmerte</u> ihm einen Couchtisch.
3 Ein anderer Freund <u>strich</u> sein Regal <u>an</u>.
4 Seine Familie <u>packte</u> alle seine Sachen <u>aus</u>.
5 Seine Freundin <u>hängte</u> Poster an die Wand.

C Continue Hans' story on separate paper, using either the personal passive or the impersonal passive as necessary:

Seine Familie <u>half</u> ihm wirklich viel.
Ihm wurde von seiner Familie wirklich viel geholfen.

1 Sein Patenonkel <u>hatte</u> ihm einen tragbaren Fernsehapparat <u>geliehen</u>.
2 Seine Schwester <u>stellte</u> ihm einen hübschen Blumenstrauß auf den Tisch.
3 Sein Vater <u>backte</u> ihm einen Kuchen zur Einstandsparty.
4 Seine Mutter <u>hatte</u> ihm <u>gezeigt</u>, wie er billige Mahlzeiten zubereiten konnte.

5 Sein Bruder <u>schloss</u> seinen Computer ans Internet <u>an.</u>
6 Die Universität <u>riet</u> ihm, sich gleich in der Bibliothek anzumelden.
7 Sie <u>hatten</u> ihm schon eine lange Leseliste <u>geschickt</u>.
8 Sein Onkel <u>hatte</u> ihm einen Büchergutschein <u>geschenkt</u>.
9 All diese Hilfe <u>ermöglichte</u> ihm, sein Studium gemütlich anzugehen.

The imperative

D Your driving instructor is teaching you to drive. One of your older friends is also advising a group of you. Put the infinitives into the appropriate forms of the imperative:

1 sich bitte an/schnallen
(Sie) _____
2 den Rück- und Seitenspiegel richtig auf sich ein/stellen
(du) _____
3 vor einem Manöver immer erst in den Spiegel schauen
(ihr) _____
4 beim Spurenwechsel blinken
(du) _____
5 im Zweifelsfall nicht überholen
(Sie) _____
6 sich beim Abbiegen richtig ein/ordnen
(du) _____
7 in einer Ortschaft nur im Notfall hupen
(Sie) _____
8 niemals die Lichthupe betätigen
(ihr) _____
9 genügend Abstand zum Auto davor halten
(Sie) _____
10 mit meinem Auto ein bisschen vorsichtiger um/gehen
(du) _____
11 die Geschwindigkeitsbegrenzung nicht überschreiten
(ihr) _____
12 den Fuß von der Kupplung nehmen
(du) _____

Questions

E On separate paper, rearrange these sentences into questions:

1 an – die – Macht – gekommen – wann – Hitler – ist?
2 haben – gewusst – einfachen – die – Leute – von – Antisemitismus – seinem – wirklich?
3 Juden – ab – sind - Nachbarschaft – aus – verschwunden – der – wann?
4 Leute – die Partei – einfach – eingetreten – nicht – sind – die – in – warum – nicht?
5 nichts – gemacht – um – Solidarität – Juden – mit – zeigen – haben – Deutschen- die – zu – ihre – den?
6 Hitler – in – kurzen – Zeit – der – 1933 – seit – eine – so – starke – aufbauen – können – wie – Armee – hat?
7 das – Charisma – bestand – worin – des – Führers?
8 Juden – in – den- Konzentrationslagern – umgekommen – waren – wie – viele?
9 sein – Führungsstab – und – Hitler – Selbstmord – begingen – an – welchem – Datum?
10 der – Zweite –Weltkrieg – zu – Ende – ging – wann – endlich?

Negatives

F This passage contrasts lifestyles 40 years ago with those of today. On separate paper, make the following statements negative by adding *nicht* or *kein/keine* etc.:

1 Die heutige Jugend kennt Entbehrungen.
2 Junge Leute arbeiten die ganze Zeit nur für die Schule.
3 Sie kaufen sich immer die billigsten Kleider.
4 Unsere Großeltern hatten viele Möglichkeiten zur Weiterbildung.
5 Sie konnten in alle Welt reisen.
6 Jungen Menschen fehlt es heutzutage an Konsumgütern.
7 Meine Großeltern konnten sich zwei Autos leisten.
8 Drogen stellten für sie eine große Gefahr da.
9 Die Eltern haben heute Zeit, um sich intensiv um ihre Kinder zu kümmern.
10 Meine Großeltern hatten genug Geld, um ein Kindermädchen einzustellen.

Infinitive constructions

G Look at Manuela's plans for the future. On separate paper, write full sentences. Do they need *zu* or not?

Manuela hatte bestimmt nicht vor - so früh heiraten.

*Manuela hatte bestimmt nicht vor, so früh **zu** heiraten.*

1 Sie wollte – zuerst ihr Studium fertig machen.
2 Eines Abends beschloss sie – in die Uni-Bar gehen.
3 Sie ging dahin – um ein bisschen aus/spannen.
4 Ohne eine Ahnung haben – was passieren würde, begann sie ein Gespräch mit einem jungen Ausländer.
5 Er war Amerikaner und es machte ihr Spaß – sich so lange auf Englisch zu unterhalten – anstatt ständig nur Deutsch sprechen.
6 Sie begannen – häufiger miteinander aus/gehen.
7 Es gefiel Steve gut – eine deutsche Freundin haben.
8 Nach drei Monaten musste er – wieder in seine Heimat zurückkehren.
9 Er schickte ihr jeden Tag ein E-Mail – um mit ihr in Verbindung bleiben.
10 Schließlich bat er sie – nach Amerika kommen.
11 Sie hatte nichts dagegen – nach dem Studium ein paar Jahre in den Staaten arbeiten.
12 Doch – um eine Arbeitserlaubnis bekommen – mussten sie heiraten, viel früher als erwartet!

Indirect speech

H Herr and Frau Schulze have just returned from a disastrous holiday. On separate paper, put their account into indirect speech:

Die Schulzes berichten:

1 Wir haben uns so auf diesen Urlaub gefreut!
2 Seit Weihnachten lasen wir eifrig Broschüren von Reiseveranstaltern.
3 Im Februar buchten wir dann eine Pauschalreise auf eine griechische Insel.
4 Unser Taxi hatte eine Panne auf dem Weg zum Flughafen.
5 Der ADAC brachte uns noch rechtzeitig hin.
6 Das Flugzeug hatte zehn Stunden Verspätung.
7 Das Hotel war eine einzige Baustelle.
8 Die Klimaanlage funktionierte nur ab und zu.
9 Ganz Griechenland litt unter einer unheimlichen Hitzewelle.
10 Wir werden niemals wieder bei diesem Reiseveranstalter einen Urlaub buchen.

Word order

Reminder (8.1.1)

The main verb is always the second idea, though not necessarily the second word, in a German sentence:

12% aller Urlauber in Deutschland **kommen** aus dem Ausland.

A Underline or highlight the main verb:

1 Hamburg liegt im Norden Deutschlands an der Elbe.
2 Schifffahrt, Handel und Unternehmen sind sehr wichtig für die Stadt.
3 Parks, Alleen und Wasserwege verleihen der Stadt viel natürliche Schönheit.
4 Die Beatles traten in den sechziger Jahren im Kaiserkeller auf.
5 Die Einwohner können an der Alster, einem Fluss, wunderschöne Spaziergänge machen.

B On separate paper, reorder the words into sentences, placing the subject first:

1901 – geboren – in – Berlin – wurde – Marlene Dietrich
Marlene Dietrich wurde 1901 in Berlin geboren.

1 eine Ausbildung – gemacht – und Sängerin – als Schauspielerin – hat – sie
2 die Hauptrolle – ein amerikanischer Regisseur – „Der blaue Engel" – im Film – ihr – gab
3 schockierte – der steigende Nationalismus – die Dietrich – in Deutschland
4 1939 – amerikanische Staatsbürgerin – sie – wurde
5 mit David Bowie – der Filmstar – seinen letzten Film – drehte

Reminder (8.1.1)

The subject does not have to start the sentence. Any other part of the sentence can be placed first, especially when there is a particular emphasis on it, e.g. in an answer to a question. If this is the case, the verb must come next and be followed immediately by its subject.

C Study these sentences and indicate in the space afterwards whether you are dealing with:

- subject – verb word order (write **S–V**)
- inversion (write **inv**)

Trotz der Industrie finden wir Hamburg einfach eine herrliche Stadt. __inv__

1 Elf Länder grenzen an Deutschland. _____
2 In ganz Europa sprechen ca. 90 Millionen Menschen Deutsch. _____
3 Im Vergleich zu Großbritannien und Frankreich scheint Deutschland ein relativ junges Land. _____
4 Im Norden Deutschlands hört man immer noch sehr viel Plattdeutsch. _____
5 Gewisse Ähnlichkeiten mit Österreich und der Schweiz weist Süddeutschland doch schon auf. _____
6 Wälder, Berge, Seen usw. machen die Landschaft in den drei Ländern sehr ähnlich. _____
7 In anderer Hinsicht sind die drei Gebiete jedoch sehr verschieden. _____
8 Für das Schulwesen ist jedes Bundesland selber verantwortlich. _____
9 Es gibt sechzehn Bundesländer in Deutschland. _____
10 Österreich zählt allerdings nur neun. _____

D On separate paper, reorder these sentences, placing the element which is being asked for first:

Albert Einstein wurde 1879 in Ulm geboren. *(Wo?)*
In Ulm wurde Albert Einstein 1879 geboren.

1 Er konnte schon in seiner Kindheit komplizierte mathematische Konzepte verstehen. *(Was konnte er verstehen?)*
2 Er bekam 1905 ein Doktorat von der Universität Zürich. *(Von wem?)*
3 Einstein bekam 1921 den Nobelpreis. *(Wann?)*
4 Er zog nach Hitlers Machtergreifung in die Vereinigten Staaten. *(Wohin?)*
5 Der Physiker war sein ganzes Leben lang Pazifist. *(Wie lange?)*

Reminder (8.1.2)

The order of adverbs within a sentence and after the verb is time – manner – place

Viele Touristen kommen **im Sommer** (*time*) **mit Reisebussen** (*manner*) **nach Neuschwanstein** (*place*).

E Place these expressions in the correct order to form a proper sentence, starting with the subject:

im Sommer wie im Winter – Familien – in die Berge – fahren – mit ihren Kindern

Familien fahren im Sommer wie im Winter mit ihren Kindern in die Berge.

1 in einem Restaurant in der Nähe des Schlosses – mit einem Freund – ich – jobbe – im Sommer

_____

_____

2 mit meinem Skiklub – in den Bergen – Ski laufen – im Winter – kann – ich

_____

_____

3 mit seiner Familie – mein englischer Brieffreund – eine Ferienwohnung – gemietet – hat – direkt in Füssen – letzten Sommer

_____

_____

_____

4 mit dem Rad – durch die Gegend – gefahren – wir – jeden Tag – sind

_____

_____

5 arbeiten – ich – jeden Abend – im Restaurant – sehr schwer – muss

_____

_____

F Now practise everything at once! On separate paper, answer these questions, putting the most important element first:

1 Wie kommen Sie jeden Tag in die Schule?
2 Wo möchten Sie nach dem Abitur studieren?
3 Mit wem arbeiten Sie am liebsten in Ihrer Klasse?
4 Wo können Sie ungestört am besten studieren?
5 Wie oft und wo benutzen Sie das Internet?
6 Schreiben Sie gewöhnlich Ihre Aufsätze lieber mit dem Computer oder mit der Hand?
7 Mit wem essen Sie jeden Tag zu Mittag?

8 Wo entspannen Sie sich am Wochenende gründlich?
9 In welchem Klub oder Verein treiben Sie wöchentlich Sport?
10 Mit welchem Familienmitglied verstehen Sie sich im Moment zu Hause am besten?

G Correct these sentences to restore good word order:

1 In Hamburg, der zweitgrößten Stadt Deutschlands, ungefähr zwei Millionen Menschen wohnen.

_____

_____

2 Die Menschen gehen spazieren an der Alster mit ihren Familien oder Freunden am Sonntagnachmittag.

_____

_____

3 Die Kurverwaltung in Füssen vermietet an Urlauber viele Ferienwohnungen im Sommer.

_____

_____

4 Hat Ludwig, der bayrische König, hoch oben auf einem Berg sein Traumschloss gebaut.

_____

_____

5 In vielen Teilen Deutschlands man spricht unterschiedliche Dialekte.

_____

_____

6 Mein Brieffreund wohnt in Niedersachsen seit fünf Jahren mit seiner Familie.

_____

_____

7 In der Schweiz es gibt Kantone.

_____

_____

8 Wir fahren in die österreichischen Berge jedes Jahr mit unserem Wohnwagen.

_____

_____

Conjunctions

Z1 Unit 3, page 39, Unit 6 page 73
Z1 Grammar 8.4, page 169–70

Reminder (8.4.1)

Aber or *sondern*? If the first clause is positive, only *aber* may be used to link the two clauses. After a negative clause, either could be used. There is, however, a subtle difference between the two. *Aber* implies 'on the other hand':

Ich kann mir im Moment noch keine eigene Wohnung leisten, **aber** mein Freund hat schon eine, denn er arbeitet.
I can't afford my own flat at the moment, but my boyfriend has one already, for he works.

Sondern is usually used after a negative statement, particularly if it means 'on the contrary'.

Ich möchte nicht mehr zu Hause wohnen, **sondern** so bald wie möglich auszuziehen.
I would not like to live at home any more, but move out as soon as possible.

A On separate paper, link these sentences using either *aber* or *sondern*. In the second sentence, the subject can often be left out for better style, if it is the same as in the first sentence:

> Er hat sich keinen Job gesucht. Er lebt lieber von der Arbeitslosenunterstützung.
> Er hat sich keinen Job gesucht, **sondern** lebt lieber von der Arbeitslosenunterstützung.

1 Er hat in der Schule nicht viel gearbeitet. Er hat sich in der Lehre mächtig angestrengt.

2 Ich bin schon ein paar Mal zum Vorstellungsgespräch eingeladen worden. Ich habe meistens eine Absage bekommen.

3 Die deutsche Wiedervereinigung hat die Probleme der Ossis nicht gelöst. Sie hat ihre Schwierigkeiten vergrößert.

4 Die beruflichen Aussichten sind für die Jugendlichen in den neuen Bundesländern nicht besser geworden. Die Arbeitslosigkeit hat zugenommen.

5 Malte hat keinen Ausbildungsplatz als Elektriker bekommen. Er arbeitet jetzt auf freiwilliger Basis in einer Elektrofirma.

Reminder (8.4.1)

The conjunctions *aber, denn, oder, sondern, und* link two main clauses and therefore do not change the word order.

B Link these sentences with conjunctions. In each case choose the most appropriate one:

1 Jugendliche wollen heutzutage einen Job mit Aufstiegschancen _____ dazu möchten sie auch noch ein ausgefülltes Privatleben.

2 An meiner Schule arbeiten alle Oberstufenschüler so viel sie können _____ sie möchten einen Platz auf einer guten Universität bekommen.

3 Er ist zum Arbeitsamt gegangen _____ er hat keine passende Stelle gefunden.

4 Du kannst dir nebenbei Geld verdienen _____ du kannst dich total auf dein Studium konzentrieren.

5 Ich habe nicht lange die Prospekte der Firma durchgelesen _____ ich habe sofort angerufen, um mein Interesse zu zeigen.

Many conjunctions in German send the verb to the end of the clause. Amongst these are *dass*, *wenn* and *weil*:

Eine breite Bildung ist heutzutage besser, **weil** man in seinem Leben sicher mehrere Berufe haben **wird**.

C On separate paper, link these sentences by using the conjunction in brackets with the second clause. Change the word order as appropriate:

1 Männer stehen in den meisten Berufen noch an der Spitze. Es gibt immer mehr hoch qualifizierte Frauen in Deutschland. *(obwohl)*

2 Viele Frauen entscheiden sich für eine Teilzeitarbeit. Sie werden einmal Mütter. *(wenn)*

3 Sie verzichten sogar auf Beförderung. Das würde weniger Zeit für ihre Familien bedeuten. *(weil)*

4 Sabine Bayer hat einen Erziehungsurlaub von 36 Monaten in Anspruch genommen. Ihr Sohn Max war geboren worden. *(nachdem)*

5 Sie fand das Leben sehr stressig. Er ging schließlich in den Kindergarten. *(bis)*

6 Sabine arbeitet wieder im Betrieb. Eine wunderbare Tagesmutter kümmert sich um das Kind. *(während)*

Reminder (8.4.2)

Sometimes a sentence begins with a subordinate clause. The subject and the verb in the main clause are then inverted to produce the 'verb, verb' word order which is so typical of German.

NB: *Da* is usually used rather than *weil* at the beginning of a sentence, except in answer to a *warum* question.

D On separate paper, rewrite these sentences, putting the subordinate clause first:

Katharina Eberhardt lernte ihren Mann kennen, als sie in Brüssel arbeitete.

Als sie in Brüssel **arbeitete, lernte** Katharina Eberhardt ihren Mann kennen.

1 Sie machte in Brüssel eine Ausbildung, weil sie etwas über das europäische Finanzwesen erfahren wollte.

2 Die Nachricht von Gerhards Versetzung kam, nachdem sie gerade geheiratet hatten.

3 Gerhard musste im Hauptbüro in Amsterdam arbeiten, obwohl sie erst einmal in ein anderes Land ziehen wollten.

4 Katharina hat ihre Arbeitslosigkeit akzeptiert, nachdem sie monatelang vergebens eine Stelle gesucht hatte.

5 Natürlich hat sie sich sehr gefreut, als ihre Bank ihr einen Telejob angeboten hat.

Reminder (8.4.3)

If adverbs are used to link clauses, they are followed by the usual inversion.

E On separate paper, link these sentences using the adverbs in brackets:

1 Manchmal ist in Hamburg oder München kein Job zu finden. Deutsche bewerben sich bei Firmen im Ausland. *(also)*

2 Viele junge Deutsche sprechen sehr gut Fremdsprachen. Sie können überall in der EU einen Job finden. *(deshalb)*

3 EU-Bürger haben das Recht, sich in jedem EU-Land niederzulassen. Es verläuft relativ problemlos, eine Stelle im Ausland anzunehmen. *(folglich)*

4 Barbara hat in Spanien ihre Kenntnisse über das spanische Rechtssystem verbessert. Ihre beruflichen Aussichten in Deutschland haben sich verbessert. *(deswegen)*

5 Der europäische Binnenmarkt bietet Arbeit in 15 Ländern. Man muss beweglich sein und Fremdsprachen beherrschen. *(darum)*

F Now practise everything at once! On separate paper, translate these sentences into German:

1 He wrote to many companies, but he never applied for a job.

2 He was not interested in a large salary, but wanted a secure position.

3 As he had a lot of debts, he had to earn some money quickly.

4 While she was unemployed, she went on a computing course.

5 Before you go to an interview, you have to prepare thoroughly.

6 The post offered good prospects; therefore I accepted it.

Relative clauses

Z1 Unit 3 page 43
Z1 Grammar 8.5, page 170

Reminder (8.5.1)

Relative clauses are introduced by relative pronouns (see page 34). The verb goes to the end of the clause.

A Underline or highlight the relative pronouns and explain what case they are in and why. Then, on separate paper, translate the sentences into English.

Die Dreisam ist ein Fluss, der durch unsere Stadt fließt. _(nom. sg. subject)_

The Dreisam is a river which flows through our town.

1 Wir treffen dort oft Freunde, mit denen wir unsere Freizeit verbringen. _____

2 Philipp liest keine Bücher, die er langweilig findet. _____

3 12 Millionen Menschen, die Sport treiben, sind nicht in Sportvereinen organisiert. _____

4 Das ist die Information, die der deutsche Sportverein herausgegeben hat. _____

5 Es gibt 5700 Fitness-Studios, von denen rund 700 für Frauen allein sind. _____

6 Am besten geeignet für die schlanke Linie ist Fußball, durch den in 10 Minuten 250 Kalorien verbrannt werden. _____

7 Die Deutschen, die Urlaub im Ausland machen, planen ihn meistens schon im Januar. _____

8 Spanien, die Balearen und die Kanarischen Inseln, auf denen 13% der Deutschen ihren Urlaub verbringen, sind die beliebtesten Ferienziele der Bundesbürger. _____

9 Seine Familie verbringt den Urlaub im Schwarzwald, den sie schon von Jugend auf gut kennt. _____

10 Die Insel, auf der viele Deutsche ihren Urlaub verbringen, liegt vor der türkischen Küste. _____

B Fill the gaps with the appropriate relative pronoun:

1 Die Malediven sind bei Familien populär, _____ sowohl Geld als auch Kinder haben.

2 Zu dem Preis, _____ wir bezahlen können, bekommt man höchstens eine Pauschalreise.

3 Ich würde nicht in ein Land fahren, _____ Sprache ich nicht spreche.

4 Der Reiseveranstalter, _____ wir gerade unsere Anzahlung geschickt hatten, hat bankrott gemacht.

5 Ein allein stehender junger Mann, _____ keine Geldprobleme hat, zieht sicher die Karibik vor.

6 Ein Ferienort, _____ Jugendliche vorziehen, bietet sowohl sportliche Möglichkeiten als auch ein Nachtleben.

7 Die Türkei, _____ auf der Rangliste den fünften Platz belegt, wird von 5% aller Deutschen besucht.

8 Diesen Sommer waren wir an einem Strand, _____ wir überhaupt noch nicht kannten.

9 Die Umfrage, _____ das Forschungsinstitut durchgeführt hat, hat interessante Ergebnisse gebracht.

10 Die Familien, _____ er Kalifornien als Reiseziel empfohlen hat, waren damit sehr zufrieden.

Reminder (8.5.1)

Any preposition used with a relative pronoun determines the case of the relative pronoun. The preposition always comes immediately before the relative pronoun.

C Insert the relative pronoun in these sentences:

1 Menschen, mit _____ man verreisen will, müssen hauptsächlich tolerant und unternehmungslustig sein.

2 Sylt ist sicher die Insel, auf _____ man Ruhe und gute Luft finden kann.

3 Das Hotel, in _____ wir übernachten, ist ein Dreisternehotel.

4 Dieses Buch ist ein Reiseführer, auf _____ man sich verlassen kann.

5 Venedig ist eine Stadt, in _____ wir schon seit langer Zeit reisen wollten.

6 Das E111-Formular ist ein Schein, ohne _____ man nicht ins europäische Ausland reisen sollte.

D On separate paper, link these sentences by turning one into a relative clause:

> Berlin ist eine schöne Stadt. Sie hat für jeden etwas zu bieten.
>
> *Berlin ist eine schöne Stadt, **die** für jeden etwas zu bieten hat.*

1 Berlin hat ein Haus der Kulturen. In dem Haus finden immer verschiedene Musikveranstaltungen statt.

2 Wir haben gestern einen Film gesehen. Wir haben den Film nicht gemocht.

3 Der Stadtteil Kreuzberg liegt mitten in Berlin. Dort gibt es immer alternatives Theater.

4 Mein Onkel ist Hausmeister am Theater. Durch ihn bekomme ich oft Theaterkarten.

5 Ich höre diesen Radiosender am liebsten. Er bringt oft Hörspiele und klassische Sendungen.

6 Wir stehen nicht so sehr auf Opern. Sie werden oft in Berlin gezeigt.

7 Ich habe meinem Freund ein Theaterabonnement geschenkt. Er interessiert sich sehr für die Stücke von Berthold Brecht.

8 Am Wochenende gehen meine Freunde auf Partys. Auf diesen Partys werden oft Musik und Jazz aus aller Welt gespielt.

9 Es gibt in unserer Stadt ein neues Museum. Es zeigt eine Ausstellung von moderner Kunst.

Reminder

Relative pronouns can be left out of English clauses if they are the direct object or used with a preposition. They must, however, always be used in German.

E On separate paper, translate these sentences into German. Remember to include a relative pronoun!

> He invited me to a play *(which)* I had always wanted to see.
>
> *Er lud mich zu einem Theaterstück ein, **das** ich schon immer sehen wollte.*

1 Have you seen the film I had recommended to you?

2 We visited the Neue Reichstag Norman Foster had designed.

3 I need to collect the tickets I ordered yesterday by phone.

4 The theatre they were in was one of the best in the whole of Germany.

5 The play I had tickets for won a prize.

Reminder

Wer may be used as a relative pronoun when there is no noun to refer to, meaning 'those who', 'whoever'. It can also be used in the accusative *wen*, in the dative *wem* and in the genitive *wessen*.

Was is used in a similar way, to mean 'that which' or 'what'. It must be used after superlatives (*das Beste, was*) and after *manches, allerlei, viel, nichts*. It can also refer to a whole clause:

Mein Freund hat viermal angerufen, was mich besonders freut.

F Translate these sentences into German:

1 Those who work hard will get to university.

_____

2 It does not matter whose work it is.

_____

3 We cannot find out to whom he has given the book.

_____

4 I shall do what you want.

_____

5 He sent me some flowers, which really pleased me.

_____

Reminder (8.5.3)

When referring to objects, relative pronouns with a preposition can be replaced by *wo(r)* + preposition:

Das Konzert, **auf das** wir uns so sehr gefreut hatten, wurde kurzfristig abgesagt.

Das Konzert, **worauf** wir uns so sehr gefreut hatten, wurde kurzfristig abgesagt.

These forms cannot be used to refer to people.

G On separate paper, rewrite these sentences using prepositions with **wo(r)-**:

1 Der Glaskasten, in dem die Skulpturen ausgestellt sind, wurde von dem Künstler selbst angefertigt.

2 Ich habe gerade eine Platte mit der Musik gekauft, für die ich mich so sehr interessiere.

3 Seine Oma hat ihm Geld gegeben, mit dem er sich ein Konzertabonnement geleistet hat.

4 Er hat mir einen Roman geschenkt, über den ich mich überhaupt nicht gefreut habe.

Revision of word order

Word order in main clauses

A Rewrite these sentences putting the underlined elements first:

1 Mein Vater kauft <u>jeden Morgen</u> am Kiosk bei uns an der Straßenecke die Zeitung.

_____

_____

2 Ich sehe jeden Abend <u>mit meiner Familie</u> die Nachrichten im ersten Programm.

_____

_____

3 Ich diskutiere meistens mit meinen Freunden die Tagesthemen <u>im Geschichtsunterricht</u>.

_____

_____

4 Ich schaue mir morgens wenigstens schnell in der Küche <u>die Sportseiten der Tageszeitung</u> durch.

_____

_____

5 Wir lesen <u>oft</u> am Abend die Schlagzeilen der internationalen Tageszeitungen im Internet.

_____

_____

B In these sentences, the words are jumbled up. Put each one in the correct order, this time starting with the subject:

1 in seiner Freizeit – Jörg – spielt – gern – im Sportzentrum – Fußball – mit seinen Freunden.

_____

_____

2 in den Ferien – Gisela – fährt – aufs Land – mit ihrer Familie.

_____

_____

3 in Zukunft – die Schüler – wollen – arbeiten – in der Schule – ehrgeizig.

_____

_____

4 im Sommer – wir – fahren – an die See – mit unserem Wohnwagen.

_____

_____

5 nach dem Abi – ich – reise – durch ganz Europa – mit einem Interrailticket.

_____

_____

Conjunctions

C Insert suitable conjunctions from the box:

1 In Deutschland gibt es viele Lokalzeitungen, _____ sie entsprechen dem föderativen Charakter der Bundesrepublik.

2 Im Alter von 18 Jahren wollen viele junge Leute nicht mehr mit der Familie in Urlaub fahren, _____ der Urlaubsstil der Eltern ihre eigene Freiheit einschränkt.

3 _____ die Familie oft den Urlaub für alle bezahlen würde, ziehen sie eine billigere Reise mit Freunden vor.

4 Viele Zeitungen berichten über lokale Ereignisse, _____ sie informieren auch über die deutsche Politik und Weltereignisse.

5 _____ es in Großbritannien oft regnet, möchten viele sich lieber in einem Land mit garantiertem Sonnenschein aufhalten.

6 Sie gehen erst mal einkaufen, _____ sie ihren Koffer packen.

7 Sie geben allerdings nur wenig Geld für neue Klamotten aus, _____ noch etwas für die Unterhaltung übrig bleibt.

8 Das Fernsehen ist eine wirkliche Konkurrenz zur Presse, _____ die Zeitungen haben sich dennoch behaupten können.

9 _____ sie Ibiza kennen, haben sie keine Lust mehr, auf andere Inseln zu fahren.

10 _____ wir letztes Jahr an unserem Urlaubsziel ankamen, fühlten wir uns zuerst gar nicht wohl.

11 _____ wir uns eingelebt hatten, dauerte es ein paar Tage.

12 Meine Eltern sehen nicht viel fern, _____ lesen jeden Tag die Zeitung.

13 Zeitungen können sich auf ihre traditionelle Kundschaft verlassen, _____ sie können auch junge Leser durch Artikel über Pop und Sport ansprechen.

14 _____ wir uns endlich an die südländischen Sitten gewöhnt hatten, wollten wir nicht mehr weg.

15 Wir können jederzeit mit unseren Eltern wegfahren, _____ wir ihre Gewohnheiten respektieren.

und	oder	sondern	aber	denn
obwohl	da	bis	nachdem	solange
bevor	seitdem	als	weil	damit

Relative clauses

D Insert the missing relative pronoun:

1 Der Junge, _____ sie auf der Party kennen gelernt hatte, gefiel ihr sehr.

2 Meistens war sie mit Jungen ausgegangen, _____ Schwestern bei ihr auf der Schule waren.

3 Die meisten Mädchen, mit _____ sie gesprochen hatte, fanden ihren neuen Freund toll.

4 Besonders gefiel ihnen der Wagen, _____ er fuhr.

5 Sie fand den Anzug, _____ er zum Ball trug, todschick.

6 Ihre Freundin, _____ Bruder auch mit ihnen gekommen war, hatte sich ein Kostüm für diese Gelegenheit geliehen.

7 Die meisten Leute, _____ zum Ball gekommen waren, hatten etwas mit der Schule zu tun.

8 Die Lehrer, _____ Ehepartner auch dabei waren, hatten riesigen Spaß.

9 Die Band spielte Lieder, _____ in den siebziger Jahren modern gewesen waren.

10 Die Aula, in _____ der Ball stattfand, war groß genug für so einen Anlass.

E Write sentences which replace the prepositions followed by relative pronouns with a construction starting with wo(r):

1 Die Stühle, auf denen sie saßen, waren ziemlich unbequem.

_____

_____

2 Die Tische, an denen kleine Grüppchen versammelt waren, waren der Mittelpunkt der Party.

_____

_____

3 Die Themen, über die alle sprachen, waren hochaktuell.

_____

_____

4 Die Rede des Gastes, von der sie alle so beeindruckt waren, dauerte über eine halbe Stunde.

_____

_____

5 Der Blumenstrauß, mit dem sie dem Sprecher dankten, bestand aus Rosen, Freesien und Astern.

_____

_____

F Underline only those relative pronouns which can be replaced by wo(r)- and rewrite the relevant sentences:

1 Der Mann, mit dem ich gestern gesprochen habe, ist ein berühmter Musiker.

2 Die Geige, mit der er normalerweise spielt, ist ein kostbares Instrument.

3 Die Musik, über die er am meisten weiß, ist aus dem Barock.

4 Er hat uns den Komponisten vorgestellt, über den er promoviert hat.

5 Die Geschäfte, in denen seine CDs verkauft werden, haben überall von ihm Bilder aufgehängt.

_____

_____

_____

_____

_____

A2 grammar

Z2 Unit 7 page 76
Z2 Grammar 6.2 page 128

Modal verbs in the perfect tense

Reminder (6.2.3)

In a compound tense formed with a past participle (such as perfect and pluperfect), the normal past participle of a modal verb is used if it does not go with another verb:

Sie hat ein neues Auto **gewollt**.
She wanted a new car.
Er hatte seine Vokabeln nicht **gekonnt**.
He had not known his vocabulary.

If the modal goes with another infinitive, the infinitive of the modal is used as a past participle:

Sie hat ein neues Auto kaufen **wollen**.
She wanted to buy a new car.
Er hatte seine Arbeit nicht machen **können**.
He had not been able to do his work.

A Cross out the verb form which does not apply:

1 Klaus hat schon immer ein Motorrad (gewollt/wollen).
2 Von seiner Mutter aus hat er es aber nicht (dürfen/gedurft).
3 Sie hat es nicht leiden (gemocht/mögen), wenn junge Leute durch die Gegend rasten.
4 Eigentlich hat er es ihr sagen (gesollt/sollen), aber er hat sich nicht getraut.
5 Zuletzt hat er ihr den Kauf verschweigen (gemusst/müssen), sonst wäre sie sehr böse gewesen.

B Tempers flare easily on the football terraces. On separate paper, write these sentences in the perfect tense:

1 Sie wollen eigentlich nur Spaß.
2 Am Samstagnachmittag können sie sich beim Fußball richtig austoben.
3 Sie müssen heute nicht zur Arbeit.
4 Sie dürfen ins Stadion gehen.
5 Sie sollen weit weg von den Fans der anderen Mannschaft sitzen.
6 Sie können sich nicht zurückhalten.
7 Sie mögen die Fans der anderen Mannschaft nicht.
8 Sie müssen einfach feindliche Parolen schreien.
9 Die Polizei muss einschreiten.
10 Die Fans dürfen nicht mehr zu den folgenden vier Heimspielen.

The conditional perfect with modal verbs

Z2 Unit 8 page 86
Z2 Grammar 7.4 page 132

Reminder

The conditional perfect expresses an unfulfilled condition in the past. With modal verbs, use the imperfect subjunctive of the auxiliary (*haben*), followed by the infinitives of the main and modal verbs:

Wir **hätten** einfach mehr **arbeiten sollen**.

C Sandra's thinking how she could have passed her Abitur. On separate paper, write sentences in the conditional perfect, using the suggestions:

immer ihre Hausaufgaben rechtzeitig abgeben (*können*)
Ich hätte meine Hausaufgaben immer rechtzeitig abgeben können.

1 die Schule ab und zu schwänzen (*nicht dürfen*)
2 in den Stunden aufpassen (*sollen*)
3 am Wochenende so viel ausgehen (*nicht dürfen*)
4 ihren Samstagsjob aufgeben (*müssen*)
5 so viel an ihren Freund denken (*nicht dürfen*)
6 sich besser organisieren (*können*)
7 ihre Freunde und ihre Familie um Hilfe bitten (*sollen*)
8 eine Zeit lang im Ausland verbringen (*können*)
9 trotz allem nicht die ganze Zeit für die Schule arbeiten (*mögen*)

Other verbs with infinitives in compound tenses

Z2 Unit 7 page 76
Z2 Grammar 6.2, page 128

Reminder (6.2.4)

A few other verbs follow the same patterns as modal verbs in the perfect, pluperfect and conditional perfect tenses. They are: *lassen* and verbs of perception, such as *sehen*, *hören*, *fühlen* and a few others:

Er **hat** sich ein ganzes Menü kommen **lassen**.
Wir **haben** das Baby die ganze Nacht schreien **hören**.

D On a recent work experience trip, John arrived at Frankfurt main station late at night. On separate paper, insert the perfect tense of the verbs in brackets in the sentences:

1 Er *(sich abholen lassen)* von seiner Gastfamilie vom Bahnhof.
2 Er *(sich nähern sehen)* einen Opel, aber sie waren es nicht.
3 Dann *(ansprechen hören)* er eine Stimme ihn von hinten.
4 Er *(klopfen fühlen)* sein Herz schneller.
5 Dann *(zukommen sehen)* er einen Mann auf sich.
6 Er *(fragen hören)* ihn, ob er John Smith sei.
7 Es *(sein können)* nur der Vater seiner Gastfamilie.
8 Erleichtert *(fahren lassen)* sich von ihnen zu ihrem Haus.

Word order in subordinate clauses

Z2 Unit 7
Z2 Grammar 8.4, page 139

Reminder (8.4.2)

If the infinitive of a modal verb is used in place of a past participle in a subordinate clause, the auxiliary verb precedes the two infinitives:

Es hat lange gedauert, bis er endlich die Adresse **hat** finden können.

E On separate paper, continue John's story by linking the two sentences into one using the conjunction in brackets.

1 Er hatte große Angst gehabt. Er hat am späten Abend vor dem Bahnhof warten müssen. *(weil)*
2 Nun fand er es dumm. Er hatte sich abholen lassen. *(dass)*
3 Seine Eltern hatten ihm schon in England gesagt. Er hätte sich sofort ein Taxi nehmen sollen. *(dass)*
4 Er musste eine ziemlich große Mahlzeit einnehmen. Er hat seine Eltern anrufen können. *(bevor)*
5 Dann schlief er ein. Er hat den Regen gegen die Fensterscheiben prasseln hören. *(während)*

The future perfect

Z2 Unit 8 page 84
Z2 Grammar 7.5, page 133

Reminder

This tense can be useful to express what has probably happened. It is formed from the present tense of *werden* and the past participle of the main verb, plus either *haben* or *sein*.

F A father is concerned that he hasn't yet heard from his son, who has just set out on his gap year with one of his friends. On separate paper, put the infinitives into the future perfect:

das Flugzeug – sicher schon landen
Das Flugzeug **wird** *sicher schon* **gelandet sein**.

1 sie – gerade durch die Passkontrolle gehen
2 sie – vielleicht Ärger mit den Zollformalitäten haben
3 das Visum – nicht gültig sein
4 der Sohn – schon versuchen, zu Hause anzurufen
5 sie – zuerst ein Schlafquartier für die ersten beiden Nächte suchen
6 vielleicht sie – ihre Familien zu Hause vergessen!

The subjunctive in conditional sentences

Z2 Unit 5 page 53
Z2 Grammar 7.3 & 7.4, page 131–2

Reminder (7.1, 7.3)

The conditional is often expressed by *würde* and the infinitive. In written German, however, and with auxiliaries and modals, the imperfect subjunctive is used, e.g. *ich hätte, ich wäre, ich könnte, ich wüsste.*

A On separate paper, rewrite these sentences in the imperfect subjunctive:

> Wenn ich viel Geld hätte, würde ich nach Australien fliegen.
>
> *Wenn ich viel Geld hätte, **flöge** ich nach Australien.*

1 Wenn er mehr arbeitete, würde er bessere Noten bekommen.
2 Wenn es nicht so viel Arbeitslosigkeit in den neuen Bundesländern gäbe, würden die Ostdeutschen zufriedener sein.
3 Wenn er einen Computer hätte, würde er seine Hausarbeit nicht mit der Hand schreiben.
4 Wenn ich ein Handy hätte, würdest du mich überall erreichen können.
5 Wenn wir reicher wären, würden wir bestimmt öfter ins Restaurant gehen.

Reminder (7.4)

The conditional perfect (pluperfect subjunctive) expresses what would have happened if …

B On separate paper, change these sentences into the conditional perfect:

> Wenn ich in Deutschland wäre, würde ich viel Deutsch sprechen.
>
> *Wenn ich in Deutschland **gewesen wäre, hätte** ich viel Deutsch gesprochen.*

1 Wenn wir Zeit hätten, würden wir jeden Tag einen Artikel in einer deutschen Tageszeitung lesen.
2 Wenn ich mehr Mut hätte, würde ich das nette neue Mädchen in meiner Klasse zur Party einladen.
3 Wenn wir zu Hause einen Internetanschluss hätten, könnten wir mehr Informationen für unsere Themen finden.
4 Wenn wir keine Samstagsjobs hätten, hätten wir mehr Zeit für unsere Schularbeit.
5 Wenn wir nicht nebenbei etwas Geld verdienten, könnten wir nicht so viel unternehmen.

The subjunctive in indirect speech

Z2 Unit 6 page 65
Z2 Grammar 7.6 page 133

Reminder (7.6.1)

The present subjunctive is used when there would be present tense in the direct speech. If the subjunctive form coincides with the ordinary present, the imperfect subjunctive is used instead:

Direct speech: Sie sagten: „Wir **haben** am Samstag nichts Besonderes vor.“

Indirect speech using present subjunctive: Sie sagten, sie **haben** nichts Besonderes vor.

Same as normal present, so use imperfect subjunctive instead: Sie sagten, sie **hätten** nichts Besonderes vor.

C On separate paper, put these direct speech statements into indirect speech:

> Er sagte: „Ich habe dieses Wochenende zu viel zu tun, um auszugehen.“
>
> *Er sagte, er **habe** dieses Wochenende zu viel zu tun, um auszugehen.*

1 Sie sagte: „Ich habe keine Lust, die ganze Zeit zu arbeiten.“
2 Er sagte: „Ich will am Samstagabend mit meinen Freunden ins Kino gehen.“
3 Sie sagten: „Wir haben nie genug Zeit, um uns zu entspannen.“
4 Sie fragten: „Warum kommt ihr nicht mit auf die Party?“
5 Er sagte: „Ich muss leider zu Hause bleiben, weil meine Eltern einen Babysitter für meinen kleinen Bruder brauchen.“

Reminder (7.6.2)

If the direct speech is in the imperfect, perfect or pluperfect tense, the verb in the indirect speech is normally in the perfect subjunctive:

Direct speech: Sie sagte: „Ich **bin** schon oft im Ausland **gewesen.**" (= perf. indicative)

Indirect speech: Sie sagte, sie **sei** schon oft im Ausland **gewesen.** (= perf. subjunctive)

If the perfect subjunctive coincides with the perfect indicative, i.e. the normal perfect tense, the pluperfect subjunctive is used.

Direct speech: Sie sagten: „Wir **haben** das Musical schon **gehört.**"

Indirect speech (using perfect subjunctive): Sie sagten, sie **haben** das Musical schon gehört.

Same as normal perfect, so use pluperfect subjunctive instead: Sie sagten, sie **hätten** das Musical schon **gehört.**

D On separate paper, put these direct speech sentences into indirect speech:

> Er sagte: „Letztes Wochenende habe ich einen tollen Film gesehen."
>
> *Er sagte, letztes Wochenende* **habe** *er einen tollen Film* **gesehen.**

1 Sie sagte: „Wir waren zu einem Orientierungsbesuch an der Universität Heidelberg."
2 Sie sagten: „Die Studenten haben uns das Wohnheim und die Vorlesungssäle gezeigt."
3 Er sagte: „Ich war ein bisschen über die Größe der Zimmer enttäuscht."
4 Sie sagten: „Es war wirklich inspirierend."
5 Sie sagte: „Ich hatte große Lust, noch länger da zu bleiben."

The subjunctive in requests and wishes
Z2 Grammar 7.6. page 134

Reminder (7.6.4)

Certain forms of the subjunctive are used to express polite requests, e.g. *ich hätte (gern), ich möchte* as well as *würde* + infinitive or *wäre* + adjective:

Wären Sie bitte so nett, das Fenster aufzumachen?
Würden Sie bitte das Fenster aufmachen?

E On separate paper, rewrite these sentences using forms of the subjunctive:

> Er will einen Minidiskspieler.
> Er **möchte** einen Minidiskspieler.

1 Sie hofft auf ein gutes Zeugnis.
2 Er wünscht sich eine eigene Wohnung.
3 Sie will unbedingt ein neues Auto.
4 Kommen Sie herein!
5 Setzen Sie sich hin!
6 Bitte bedienen Sie sich!
7 Unterschreiben Sie hier!
8 Füllen Sie das Formular sorgfältig aus!
9 Schicken Sie das ausgefüllte Formular gleich wieder an uns zurück!
10 Nehmen Sie nur ein Exemplar der Fotokopie!

The subjunctive after certain conjunctions
Z2 Grammar 7.6, page 134

Reminder (7.6.5)

Imperfect or pluperfect subjunctives are often used after certain conjunctions, such as *als ob*, or *als*.

F On separate paper, rewrite these sentences, using *als ob* or *als*:

> Vielleicht hat sie eine Erkältung? So sieht sie aus.
> *Sie sah aus, als ob sie eine Erkältung* **hätte.**

1 Versteht er diese Sprache? Es scheint nicht so.
2 Hat er sich in den Ferien gut erholt? Er sieht nicht so aus.
3 Geht er jeden Abend aus? Es ist nicht so.
4 Hat er viel gearbeitet? Er tut nicht so.
5 Werden die beiden heiraten? Sie benehmen sich nicht so.

The impersonal passive

Z2 Unit 4 page 45
Z2 Grammar 7.7, page 135

Reminder 7.7.4)

The dative object in an active sentence cannot become the subject of a passive sentence. But a passive sentence can be formed with the subject *es*:

Active: Man riet ihm, nach dem Abi kein Jahr auszusetzen.

Passive: Es wurde ihm geraten, nach dem Abi kein Jahr auszusetzen.

If any other element is placed at the beginning of the sentence, *es* is omitted:

Active: Meine Großeltern schenkten mir Fahrstunden zum 18. Geburtstag.

Passive: Mir wurden von meinen Großeltern Fahrstunden zum 18. Geburtstag geschenkt.

A Underline or highlight the passive constructions and translate the sentences into English on separate paper:

1 Uns wurde empfohlen, dieses Jahr eine Reise in die ehemalige DDR zu machen.
2 Es wurde uns geraten, die Hotels schon vor unserer Abreise zu buchen.
3 Mir war gesagt worden, das Leben in Ostdeutschland sei immer noch anders.
4 Auf unsere Anfrage wurden uns von verschiedenen Verkehrsämtern interessante Prospekte zugeschickt.
5 Nach unserer Ankunft im Hotel wurden uns sofort die Zimmer gezeigt.
6 Vom Hotelmanager wurden uns auch Gutscheine für billigere Eintrittskarten zu den wichtigsten Sehenswürdigkeiten gegeben.
7 In Dresden wurde uns auch im Hotel ein Stadtführer geliehen.
8 In Potsdam wurde uns erlaubt, das Schloss Sanssouci zu besichtigen.
9 Von den Hotelbesitzern wurde uns erzählt, wie trostlos früher alles aussah.
10 Ihnen war früher befohlen worden, keinen engen Kontakt mit Westdeutschen aufzunehmen.
11 Jedoch wurde uns versichert, dass die beiden Hälften Deutschlands jetzt langsam zusammenwüchsen.

B Change these active sentences into the passive:

1 Die Firma in Deutschland schickte ihr einen Prospekt zu.

2 Man hatte ihr schon früher gesagt, dass das Betriebspraktikum mindestens einen Monat lang dauern sollte.

3 Man riet ihr, sich an die Jugendherberge zu wenden, um eine Unterkunft zu finden.

4 Ihr Deutschlehrer hatte ihr empfohlen, das rechtzeitig zu tun.

5 Er half ihr, die Bewerbung und ihren Lebenslauf zu schreiben.

6 Alle hatten ihr gesagt, dass es nicht so leicht sein würde.

7 Ihre Eltern hatten ihr finanziell und moralisch sehr viel geholfen.

8 Am ersten Tag im Betrieb zeigte man ihr alle Abteilungen.

9 Man gab ihr die Möglichkeit, so viel zu lernen.

10 Ihre Eltern würden ihr nicht verzeihen, wenn sie nicht das Beste aus der Situation machte.

11 Gleich zu Anfang brachte man ihr bei, was man von ihr erwartete.

Passive voice in English, active voice in German

Z2 Unit 4 page 45
Z2 Grammar 7.7, page 136

Reminder (7.7.6)

In order to avoid cumbersome passive constructions, *man* is frequently used.

Reminder (7.7.6)

German uses *lassen* or an active infinitive quite often where the passive would be used in English:

Das lässt sich machen. *This can be done.*
Es gab viel zu besprechen. *There was a lot to be discussed.*

C Rewrite these passive sentences, using *man*:
   Die Schulden der Dritten Welt sollen abgeschrieben werden.
   Man soll die Schulden der Dritten Welt abschreiben.

1   Neue Technologien werden in den unterentwickelten Ländern eingeführt.

   _____

   _____

2   Fachleute aus hoch industrialisierten Ländern wurden nach Afrika gerufen.

   _____

   _____

3   Die medizinische Versorgung wurde verbessert.

   _____

   _____

4   Das Trinkwasser wurde gereinigt.

   _____

   _____

5   Gentechnisch modifizierte Pflanzen können bald angebaut werden.

   _____

   _____

6   Vorhandene Lebensmittel sind besser ausgenutzt worden.

   _____

   _____

7   Die Bewohner wurden über Geburtenkontrolle informiert.

   _____

   _____

8   Mehr Schulklassen wurden in allen Teilen des Landes eingerichtet.

   _____

   _____

9   Junge Menschen wurden zur Ausbildung an ausländische Universitäten geschickt.

   _____

   _____

10 Die Lebensbedingungen der Einheimischen werden so langsam verbessert.

   _____

   _____

D Translate these sentences into German using the above constructions:

1   At that time, punks could be seen everywhere in Germany.

   _____

   _____

2   There is a great deal to be done before we go on holiday.

   _____

   _____

3   This question cannot be answered.

   _____

   _____

4   It remains to be seen whether we are right.

   _____

   _____

5   My test marks can be improved.

   _____

   _____

6   There was nothing to be seen.

   _____

   _____

7   There was much to be admired.

   _____

   _____

8   There are a few things to be learnt from this experience.

   _____

   _____

9   There is nothing to be changed.

   _____

   _____

10 This can be arranged.

   _____

   _____

11 Their new flat is to be let.

   _____

   _____

Variations in word order

Z2 Unit 9 page 97
Z2 Grammar 8.4 & 8.6, page 139–141

Reminder (8.4.1)

In a series of linked main clauses where the first clause has inversion, subsequent clauses have normal subject-verb order unless they, too, begin with an adverb:

In der ehemaligen DDR herrscht große Unzufriedenheit und **die Menschen sorgen** sich um ihre Zukunft.

A On separate paper, link these sentences with *und*, put the adverbial phrase in brackets at the beginning of the sentence and adjust the word order.

> Viele Skinheads haben protestiert. Sie haben dadurch ihre Frustration über den Arbeitsmarkt ausgedrückt. *(in Thüringen)*
> In Thüringen haben viele Skinheads protestiert und sie haben dadurch ihre Frustration über den Arbeitsmarkt ausgedrückt.

1 Ein Asylantenheim wurde überfallen. Das Gebäude wurde in Brand gesteckt. *(in Mecklenburg-Vorpommern)*

2 Rechtsradikale Gruppen versuchen, Jugendliche anzuwerben. Diese Jugendlichen sollen dann an Aktionen teilnehmen. *(in Städten wie Dresden und Leipzig)*

3 Das Hakenkreuz wird wieder als Symbol benutzt. Einige junge Menschen tragen es auf ihren Uniformen. *(in den rechtsradikalen Gruppen)*

4 Viele andere haben der Diktatur von rechts und links den Rücken gekehrt. Sie arbeiten am Aufbau Ost. *(seit der Wende)*

5 Die Schlangen vor dem Arbeitsamt sind doppelt so lang wie im Westen. Der erhoffte Wohlstand ist noch nicht eingekehrt. *(in den neuen Bundesländern)*

Reminder (8.4.2)

Subordinating conjunctions (*wenn, weil*, etc.) send the verb to the end of the clause. The conjunction can apply to more than one clause and the verbs in each clause go to the end:

Der Euro ist für Geschäftsleute eine gute Idee, **weil** er den Geldverkehr **vereinfacht** und Europa noch mehr **zusammenbringt**.

B On separate paper, join these sentences using the suggested conjunction and make the necessary changes in word order.

1 Europa musste sich zusammenschließen. *(nachdem)* 50 Millionen Menschen waren im Krieg umgekommen und viele schöne Städte waren zerstört worden.

2 Viele osteuropäische Länder wollen der EU beitreten. *(obwohl)* Ihre Wirtschaft ist noch nicht so stark und die Fabriken sind noch nicht konkurrenzfähig.

3 Die Deutschen fahren so lange noch ihre großen Autos. *(bis)* Eine Geschwindigkeitsbegrenzung wird auf den Autobahnen eingeführt und die PS-Zahl wird höher besteuert.

4 Fossile Brennstoffe müssen vorsichtig eingesetzt werden. *(da)* Sie sind letzten Endes nicht unerschöpflich und sie schaden auch der Umwelt.

5 Die Balkanländer kehren langsam zur Normalität zurück. *(seitdem)* Der Krieg im Kosovo ist zu Ende und die Menschen haben demokratisch Präsidenten gewählt.

Reminder (8.6)

The second part of a comparison goes right to the end of the clause, even following verb forms:

Frankreich war viel **früher** ein vereintes Land **als Deutschland**.

C On separate paper, rewrite these sentences as comparisons, using the words in brackets.

> Im Ersten Weltkrieg waren 20 Millionen Menschen umgekommen, im Zweiten 50 Millionen. *(mehr)*
> Im Zweiten Weltkrieg waren mehr Menschen umgekommen als im Ersten.

1 In Deutschland sind über 4 Millionen Menschen arbeitslos, in England über eine Million. *(mehr)*

2 Das Vereinigte Königreich ist 1973 der EU beigetreten, Österreich erst 1990. *(früher)*

3 1998 haben 48% aller deutschen Männer geraucht, aber nur 36% aller Frauen. *(weniger)*

4 Die durchschnittliche Arbeitszeit der Deutschen ist 38 Stunden die Woche, die der Engländer dagegen über 40. *(kürzer)*

Revision of A2 grammar

Verbs of perception in the perfect tense

D Highlight or underline the perfect tense constructions. Then translate the passage on separate paper.

Es war ihm unheimlich zumute. Zuerst hat er jemanden an der Tür rumoren hören. Dann hat er vor dem Fenster zwei Gestalten vorbeihuschen sehen. Schließlich hat er die Tür aufgehen sehen. Er war so angespannt, dass er sein Herz hat klopfen fühlen.

E Und wie geht die Geschichte zu Ende? Write five sentences in the perfect tense to finish the story.

_____
_____
_____
_____
_____
_____
_____
_____
_____
_____

Modal verbs in the perfect tense

F On separate paper, put the following sentences into the perfect tense:

1 Vor den Ferien muss ich mir noch die Adressen von meinen Klassenkameraden aufschreiben.
2 Ich darf auch ihre E-Mail-Anschriften nicht vergessen.
3 Außerdem muss ich auch noch unbedingt zum Zahnarzt.
4 Ich lasse mir einen Backenzahn plombieren.
5 Ich will auch noch in die Stadt.
6 Ich muss mir ein Paar neue Trainingsschuhe und einen Badeanzug kaufen.
7 Die neuen knappen Bikinis mag ich überhaupt nicht.
8 Beim Friseur lasse ich mir blonde Strähnchen ins Haar färben.
9 Mein Vater lässt mich sein Auto nehmen.
10 Allerdings darf ich nicht später als sieben nach Hause kommen.

The perfect conditional

G Match these sentence halves. They are all to do with German or European history:

1 Wenn Adenauer nicht die Vision eines vereinten Europas gehabt hätte,
2 Wenn Adenauer und de Gaulle sich nicht so gut verstanden hätten,
3 Wenn die USA Deutschland nicht durch den Marschallplan geholfen hätten,
4 Wenn die Alliierten den Landzugang bei der Potsdamer Konferenz nicht vergessen hätten,
5 Wenn das DDR-Regime am 13. August 1961 nicht die Mauer gebaut hätte,
6 Wenn Hitler 1944 bei dem Attentat umgekommen wäre,
7 Hätte Günther Schabowski am 9. November 1989 keinen verhängnisvollen Fehler gemacht,
8 Wäre die Berliner Mauer nicht gefallen,
9 Wäre Polen kein demokratisches Land geworden,
10 Wenn Großbritannien 1973 nicht der EU beigetreten wäre,
11 Wenn die Deutschen nicht den Solidaritätszuschlag gezahlt hätten,

a hätte sich Westdeutschland nicht so schnell vom Zweiten Weltkrieg erholt.
b wäre es niemals zur Blockade Berlins gekommen.
c so wäre die Berliner Mauer nicht so schnell gefallen.
d wäre es für Briten schwieriger gewesen, in Deutschland Arbeitsplätze zu bekommen.
e hätten sie nicht so früh an der deutsch-französischen Freundschaft gearbeitet.
f dann hätte es nicht an Mitgliedschaft in der EU denken können.
g wäre es vielleicht nicht zur Entstehung der EU gekommen.
h wären viele Familien weiterhin vereint gewesen.
i hätte der Aufbau Ost noch länger gedauert.
j hätte der Krieg früher aufgehört.
k so wären die osteuropäischen Länder vielleicht kommunistisch geblieben.

1	2	3	4	5	6	7	8	9	10	11

Revision

Werden

A *Werden* is used to form the future tense. On separate paper, complete the resolutions on becoming healthier:

> weniger Pralinen – naschen – ich
>
> Ich werde weniger Pralinen naschen.

1 richtig und regelmäßig – frühstücken – sie *(they)*
2 Alternativmedizin und Akupunktur – sich informieren über – wir
3 in der Dampfsauna – sich entspannen – du
4 Tabak, Alkohol und Süßigkeiten – verzichten auf – er

B *Werden* is also needed for the future perfect tense. On separate paper, complete the statements on how things will be after the health regime:

> 10 Pfund – abnehmen
>
> Ich werde 10 Pfund abgenommen haben.

1 regelmäßig – sich entspannen
2 Stress – hinter sich lassen
3 Bioprodukte – sich umstellen auf

C It is also used to form the passive. On separate paper, complete the statements about making an apple pie:

> die Butter – schmelzen
>
> Die Butter wird geschmolzen.

1 Äpfel – schälen
2 das Mehl und das Fett – wiegen
3 der Teig – vorbereiten
4 die Torte – mit Äpfeln füllen

D On separate paper, write sentences in the perfect tense to describe what was done after a party:

> das Essen – wegräumen
>
> Das Essen ist weggeräumt worden.

1 der Wein – austrinken
2 die Möbel – zurückstellen
3 der Teppich – reinigen
4 das Geschirr – abwaschen

Modals

E Fill in the correct part of each verb:

1 ich _____ *(müssen)*
2 er _____ *(können)*
3 du _____ *(dürfen)*
4 sie *(sg)* _____ *(sollen)*
5 Sie _____ *(mögen)*
6 ihr _____ *(wollen)*
7 wir _____ *(können)*
8 du _____ *(mögen)*
9 Sie _____ *(sollen)*
10 sie *(pl)* _____ *(dürfen)*
11 ich _____ *(mögen)*
12 ihr _____ *(müssen)*

F On separate paper, translate these sentences into German, following the pattern for the future tense with modal verbs:

> You will have to do that one day.
>
> Du wirst das eines Tages machen müssen.

1 I won't be allowed to do that.
2 She won't be able to do that.
3 They will have to speak to the boss.
4 You *(ihr)* won't want to go.
5 He won't like the plan.

G On separate paper, rewrite each sentence as a question in the perfect tense:

> Er musste die Arbeit machen.
>
> Hat er die Arbeit machen müssen?

1 Sie konnten die britische Küste sehen.
2 Er durfte den gewalttätigen Film nicht sehen.
3 Sie musste die Kinder eigentlich mitnehmen.
4 Sie wollten alles sehr genau planen.

H On separate paper, translate into German, following the pattern given:

> You shouldn't have done that.
>
> Das hättest du nicht machen sollen.

1 He wouldn't have wanted to see her again.
2 I couldn't have done it twice!
3 We would have had to go by bus.
4 The children would not have been allowed to come with us.

I On separate paper, translate into German, using the example as a pattern:

> Everything must be prepared before Christmas.
>
> Alles muss vor Weihnachten vorbereitet werden.

1 The tree must be decorated.
2 The guests must be invited.
3 The food must be prepared.
4 The house must be cleaned.
5 The presents must be wrapped.

Strong verbs

A Circle the 10 verbs which have a vowel change in the 2nd and 3rd person singular.

fahren reparieren putzen geben verdienen

laufen sterben verdienen versuchen sammeln

nehmen halten lesen rechnen sparen

schlafen plaudern essen treffen lachen

B Circle the 10 verbs whose past participles are irregular.

segeln sehen beschließen finden vergessen

machen haben bitten genießen legen

spielen empfehlen öffnen kochen sein

warten ziehen werden rasen

Reflexives

C On separate paper, rewrite these sentences in the perfect tense, remembering to keep the reflexive pronoun as close to the subject as possible.

Sie unterhalten sich stundenlang.
Sie haben sich stundenlang unterhalten.

1 Er erinnert sich nicht daran.
2 Leider streiten sie sich jedes Mal.
3 Sie beklagt sich über die hohen Preise in den Touristenstädten.
4 Sie weigern sich mit den anderen Kontakt aufzunehmen.
5 Die Kinder freuen sich auf den Besuch in Disneyland Paris.

D On separate paper, write sentences combining the elements given:

er – müssen – sich beeilen – endlich einmal
Er muss sich endlich einmal beeilen.

1 sie – müssen – sich erholen – nach der Arbeit
2 du – dürfen – sich setzen – in den bequemen Sessel
3 wir – sollen – sich informieren – über die Zugverbindungen am Sonntag
4 ihr – können – sich vorstellen – wie schwer es war
5 Sie – wollen – sich kaufen – einen teuren Ring?

Separable verbs

E On separate paper, write a sentence in the present tense combining the given elements, as in the example.

Herr Fuchs – austeilen – die Arbeitsblätter
Herr Fuchs teilt die Arbeitsblätter aus.

1 Manche Schüler – aufgeben – die schwersten Fächer
2 Der Schnellzug aus Koblenz – ankommen – nie rechtzeitig
3 Du – vorziehen – einen ruhigen Abend zu Hause
4 Wir – teilnehmen an – jedem Wettbewerb
5 Meine Freunde und ich – ausgehen – jeden Abend ohne Ausnahme

F On separate paper, rewrite each of the sentences in exercise E in the perfect tense and use it to complete these sentences:

Herr Fuchs weiß, was zu tun ist, weil
er die Arbeitsblätter ausgeteilt hat.

1 Der Lateinlehrer hat nur kleine Klassen, weil …
2 Ich musste immer lange warten, weil …
3 Ich wäre lieber in die Disko gegangen, obwohl …
4 Wir spielten sehr häufig, da …
5 Uns war es im Ferienort langweilig, obwohl …

Infinitives

H Choose an infinitive from the box to complete each sentence. Decide in each case whether you need *zu* or not.

1 Wirst du mich nach dem Vorstellungsgespräch
_____ ?
2 Er findet es nicht einfach, _____
dass er einen Fehler gemacht hat.
3 Ich hoffe, die Kinder werden _____ ,
wenn du auf sie aufpasst!
4 Du hast eine schreckliche Schrift! An deiner Stelle würde ich den Brief _____ .
5 Mein Sohn hat schon wieder vergessen,

_____ .

6 Es ist äußerst wichtig, alles in Ordnung

_____ .

7 Wir werden am Tag vorher tanken, um rechtzeitig

_____ .

> korrigieren lassen sich benehmen
> zugeben sich die Zähne putzen
> abfahren können halten anrufen

Cases

A Revise which prepositions take which cases by translating these phrases into German:

1 (it's) under the trees _____
2 at her house _____
3 out of the area _____
4 around the edge _____
5 against him _____
6 opposite the church _____
7 (it's) in the box _____
8 without their father _____
9 from your aunt _____
10 for a friend _____

B Revise the uses of the four cases by translating these sentences into German:

1 Write me a nice long letter soon!

_____
_____

2 They went by bus into town and looked around in the old town.

_____
_____

3 Just outside the city centre there is a wonderful Greek restaurant.

_____
_____

4 Promise him that we will be there tomorrow.

_____
_____

5 What did you tell them about the concert?

_____
_____

6 The school's teachers have all been there over twenty years!

_____
_____

C Revise the uses of the four cases by filling in the gaps in the texts with the correct definite or indefinite article.

1 Karneval hat seine Wurzeln in **(a)** _____ Mythologie. Man versuchte **(b)** _____ bösen Geister **(c)** _____ Winters zu vertreiben. Man vermummte sich mit Masken, um sich vor **(d)** _____ Dämonen zu verstecken. Aber mit **(e)** _____ Zeit hat die Fastnacht **(f)** _____ neuen Aspekt gewonnen. Statt Dämonen werden Narren während **(g)** _____ Nacht verjagt. In **(h)** _____ paar Tagen vor Aschermittwoch verkleiden sich alle. Am Rosenmontag findet **(i)** _____ großer Umzug statt. **(j)** _____ Narren werden vertrieben und **(k)** _____ Vernunft herrscht wieder. Am Aschermittwoch beginnt **(l)** _____ Fastenzeit. Die Fastnacht wird vor allem in **(m)** _____ Rheinland, in Süddeutschland, in Österreich und in **(n)** _____ Schweiz gefeiert.

2 Die elfte Berliner Love-Parade wurde unter **(a)** _____ Motto „Musik ist **(b)** _____ Schlüssel" gefeiert. **(c)** _____ Berliner Tiergarten wurde **(d)** _____ größte Openairdiskothek **(e)** _____ Welt und das Fest galt als **(f)** _____ größte Friedensdemonstration aller Zeiten. Nach **(g)** _____ Ende **(h)** _____ offiziellen Feier wurden 280 weitere Partys gefeiert, aber dann rückten 870 Mitarbeiter **(i)** _____ Stadtreinigung an. Rund 200 Tonnen Müll mussten entsorgt werden.

3 Frau Seghers wird **(a)** _____ Tag, an **(b)** _____ die Mauer errichtet wurde, nie vergessen. **(c)** _____ Sektorengrenze zwischen Ost- und Westberlin war durch Stacheldraht abgesperrt. Niemand konnte in **(d)** _____ Westen. Die Leute standen an **(e)** _____ Grenze und winkten ihren Verwandten auf **(f)** _____ anderen Seite zu. Es hatte schon lange Probleme zwischen **(g)** _____ Sowjetunion und **(h)** _____ Alliierten gegeben. Außerdem verließen so viele Leute **(i)** _____ DDR und **(j)** _____ sowjetische Regierung wollte **(k)** _____ Fluchtloch stoppen. Also wurde **(l)** _____ Mauer aus Backsteinen und Betonplatten gebaut. **(m)** _____ Mauerbau hatte persönliche Folgen für Frau Seghers. Sie verlor **(n)** _____ Kontakt zu Verwandten in **(o)** _____ Westen. Mit **(p)** _____ Zeit wurde die Situation wegen **(q)** _____ Einführung **(r)** _____ so genannten „Passierscheine" etwas besser, aber nicht viel. Westberliner durften für **(s)** _____ Tag nach Ostberlin fahren, um Familienmitglieder zu besuchen.

Revision checklist

When checking your written work, always look carefully at each of these areas in turn:

- verbs
- nouns
- adjectives
- word order

Verbs

- Does it agree with its subject?
- Is it a weak, a strong or a mixed verb?
- Is the tense correct, including auxiliaries where required?
- Is it reflexive or separable?
- If it is an infinitive, is it with or without *zu*?

A Find the error in each sentence and correct it.

1 Meine Freundin und ich hoffe im Herbst den Führerschein zu machen.

2 Wenn ich meiner Mutter erzählte, dass ich mit meinem Freund zusammenleben will, regt sie sich auf.

3 Ich hoffe nach meinem 18. Geburtstag erwachsener und selbstständiger werden.

4 Ich will nicht gleich jetzt von zu Hause ausziehen; ich verstehe gut mit meinen Eltern.

5 Was wirst für dich nach dem 18. Geburtstag anders sein?

6 Mein Opa war während der Kriegszeit ein Kind, aber er sprecht nicht gern darüber.

7 Meine Oma hat immer 10 km zur Schule gefahren, auch bei Regen und Schnee.

8 Mein Opa hat für einen ganzen Arbeitstag in der Dorfwirtschaft nur 5 DM bekommt.

9 Marion meint, es ist wichtig für gute Zwecke zu engagieren.

10 Auch haltet sie sich an Gesetze und Regeln.

11 Malte nehmt an Spendenaktionen teil.

12 Ich selber habe nie an einer Spendenaktion teilnommen.

Nouns

- Correct gender and case?
- If plural, correct form?
- Is it a weak, mixed or adjectival noun?
- Have you remembered the capital letter?
- If it is negated, have you remembered *kein*?

B Find the error in each sentence and correct it.

1 In Deutschland besteht die allgemeine wehrpflicht für junge Männer.

2 Jeder, der nicht vor der Wehrpflicht befreit ist, muss zehn monate als Soldat zur Bundeswehr.

3 Der Zivildienst ist eine Ersatzleistung für der Wehrdienst.

4 Wie lang dauert der Grundausbildung in der Bundeswehr?

5 Warum hat sich Ivo für die Wehrdienst entschieden?

6 Die Anzahl die Kriegsdienstverweigerer steigt seit Anfang der 90er Jahre.

7 Ivo wollte nicht monatelang mit anderen Soldate in einer Kaserne leben.

8 Er wollte lieber nicht neun Monate lang in die Kaserne herumsitzen.

9 Aber man kann nicht gerade von eine Krise in der Bundeswehr sprechen.

10 Fast 30% aller Wehrpflichtigen sind Verweigerer. Ivo ist nicht eine Ausnahme.

11 Was sind eigentlich die Vorteile des Militärdienst?

12 Alle aus die Clique von Henning haben Wehrdienst geleistet.

13 Hast du den Soldat schon gesehen?

14 Er würde lieber nicht eine Uniform tragen.

15 Deutsche Soldate waren in Kosovo sehr aktiv.

Adjectives

- ◆ Is it in front of a noun? If not, no ending.
- ◆ Case and gender?
- ◆ Which kind of adjective ending: *der/die/das*, *ein/eine/ein* or no article?

Word order

- ◆ Should it be normal, i.e. 'subject-verb-object'?
- ◆ Should there be inversion of the verb and subject?
- ◆ Does the verb need to go to the end of the clause or sentence?
- ◆ Have you remembered the 'time-manner-place' rule?

C Fill in the correct ending for the adjectives below where necessary.

1 Wenn das Wetter schön___ ist, fährt Anna meistens mit dem Rad zu ihrer Freundin.
2 Sie fahren oft an die Dreisam, den Fluss, der durch ihre klein___ Stadt fließt.
3 Sie treffen dort auch ander___ Freunde.
4 Spanien und die Balearen sind die beliebtest___ Ferienziele der Deutschen.
5 Die Türkei steht an fünft___ Stelle.
6 Exotisch___ Urlaubsziele sind auch im Trend.
7 Das Alter spielt auch eine Rolle bei der Wahl des gewünscht___ Ferienziels.
8 Familien mit klein___ Kindern ziehen die Ostsee vor.
9 Österreich ist wegen der gut___ Luft und der abwechslungsreich___ Landschaft sehr beliebt.
10 Das sind die Ergebnisse einer Umfrage über das typisch___ Urlaubsverhalten der Deutschen.

D Translate into German:

1 The Dreisam is a beautiful river.
   _____

2 He likes to travel to exotic holiday destinations.
   _____

3 It's better to travel without small children.
   _____

4 The survey is rather complicated.
   _____

5 I go to Austria because of the fresh air there.
   _____

E On separate paper, link these pairs of sentences using the word given in brackets.

1 Es gibt rund 26,6 Millionen Mitglieder von Sportvereinen. Weitere 12 Millionen treiben auch privat Sport. *(und)*
2 Es gibt 5700 moderne Fitness-Studios. Rund 700 sind für Frauen allein. *(wovon)*
3 Viele Jugendliche interessieren sich für traditionelle Sportarten. Manche moderne Sportarten, wie Snowboarding, sind genauso beliebt. *(aber)*
4 Du willst abnehmen. Du sollst mehr Sport treiben. *(wenn)*
5 Zehn Minuten Fußball verbrennen 250 Kalorien. Zehn Minuten Tennis verbrennen nur 80 Kalorien. *(während)*

F Rewrite each sentence beginning with the phrase in brackets.

1 Ein typischer Haushalt gab rund 1564 Euro für die Freizeitgestaltung aus. *(in Westdeutschland)*
   _____

2 Basketball ist die beliebteste Sportart. *(trotz aller Trendsportarten)*
   _____

3 Weniger Geld wird für Freizeit ausgegeben. *(in der früheren DDR)*
   _____

4 Man kann durch regelmäßige Bewegung leicht abnehmen. *(als Mitglied eines Fitness-Studios)*
   _____

5 Man soll wenigstens dreimal in der Woche ins Schwitzen kommen. *(wenn man Kalorien zählt)*
   _____

Spot the errors

A There is one error in each of these sentences. The teacher has underlined it and put a note in the margin – can you correct the error?

1 Tobias wohnt mit seinen Eltern und seinen <u>Brüder</u> in Mainz. *(dative plural noun)*

2 Sein <u>älter</u> Bruder, Arnulf, ist siebzehn und der jüngere heißt Corvin. *(adj. ending)*

3 Früher <u>alle</u> <u>drei</u> <u>schliefen</u> im gleichen Schlafzimmer. *(word order)*

4 Seit letztem Sommer <u>hat</u> jeder sein eigenes Zimmer <u>gehabt</u>. *(tense after 'seit')*

5 Vorher wohnten viele Verwandte um <u>der</u> Ecke. *(case after 'um')*

6 Früher haben Tobias und sein Cousin <u>euch</u> jeden Tag gesehen. *(reflexive pronoun)*

7 Jetzt sieht er <u>sein</u> Cousin nur selten. *(case)*

8 Aber das neue Haus gefällt <u>ihn</u> viel besser. *(dative verb)*

B This time the eight errors are listed in the box. Decide which applies to each sentence and correct the mistakes.

1 Vanessas Vater interessiert sich nicht an sie.

2 Sie hat ihn Jahre lang nicht gesehen.

3 Jetzt will er seine tochter plötzlich wiedersehen.

4 Vanessa weiß einfach nicht, was sie soll tun.

5 Sie findet, ihr Vater war immer egoistischer.

6 Zum Beispiel hat er sie kaum angerufen.

7 Vanessas Mutter sagt, sie soll ihre eigene Entschiedung treffen.

8 Vanessa weiß nicht, ob sie Lust hat, mit ihm ausgehen.

> word order
> need 'zu'
> wrong preposition
> spelling
> no adjective ending needed
> two words should be written as one
> past participle wrong
> capital letter needed

C The mistakes are underlined. Correct them!

1 Maria Emmerding gebar ihren Sohn Kevin <u>ins</u> Krankenhaus.

2 Jetzt ist sie die <u>jungste</u> Oma von Eischweiler.

3 Ihre Tochter Sabrina war erst 15 zur Zeit der Geburt ihres <u>Sohn</u>.

4 Mutter und Tochter sind beide allein erziehende <u>Mutter</u>.

5 Der <u>großer</u> Vorteil für Sabrina ist, dass sie Rückhalt in ihrer Familie findet.

6 Ihr Kind wächst mit ihren Geschwistern zusammen. <u>.........</u>

7 Sabrina hofft, ihre Ausbildung als Frisöse <u>beenden.</u>

8 Sie geht zu einer Selbsthilfegruppe, wo sie andere Teenager in der gleichen Situation <u>trefft.</u>

D Find the error in each sentence and correct it.

1 Steht der Ehe in der modernen Gesellschaft in einer Krise?

2 Mit der Zeit der Spaß an einer Beziehung lässt nach.

3 Scheidungsraten steigen bis zu 50 Prozent in die Großstädten.

4 Bevölkerungswissenschaftler behaupten, dass die Langzeitehe hat keine Funktion mehr.

5 Kommen jetzt Eheverträge von fünf bis zehn Jahren? Wenn einer von den Partnern genug hat, er verlängert den Vertrag einfach nicht mehr.

6 In früheren Jahrhunderte dauerten Ehen im Schnitt acht Jahre.

7 Wenn eine Ehe heute nicht geschieden ist, dauert sie durchschnittlich 43 Jahre.

Strong and irregular verbs

Infinitive	Meaning	3rd ps. sg. present tense (if irregular)	3rd ps. sg. imperfect tense	3rd ps. sg. perfect tense
befehlen	to order	befiehlt	befahl	hat befohlen
beginnen	to begin	-	begann	hat begonnen
bekommen	to receive	-	bekam	hat bekommen
beschließen	to decide	-	beschloss	hat beschlossen
beschreiben	to describe	-	beschrieb	hat beschrieben
besitzen	to own	-	besaß	hat besessen
bieten	to offer	-	bot	hat geboten
binden	to tie		band	hat gebunden
bitten	to ask for	-	bat	hat gebeten
bleiben	to remain	-	blieb	ist geblieben
brechen	to break	bricht	brach	hat/ist gebrochen
brennen	to burn		brannte	hat gebrannt
bringen	to bring	-	brachte	hat gebracht
denken	to think	-	dachte	hat gedacht
dürfen	to be allowed to	darf	durfte	hat gedurft
empfehlen	to recommend	empfiehlt	empfahl	hat empfohlen
essen	to eat	isst	aß	hat gegessen
fahren	to go (by vehicle)	fährt	fuhr	ist/hat gefahren
fallen	to fall	fällt	fiel	ist gefallen
fangen	to catch	fängt	fing	hat gefangen
finden	to find	-	fand	hat gefunden
fliegen	to fly	-	flog	ist/hat geflogen
fliehen	to flee	-	floh	ist geflohen
fließen	to flow	-	floss	ist geflossen
geben	to give	gibt	gab	hat gegeben
gefallen	to please	gefällt	gefiel	hat gefallen
gehen	to go	-	ging	ist gegangen
gelingen	to succeed	-	gelang	ist gelungen
gelten	to be valid, count	gilt	galt	hat gegolten
genießen	to enjoy		genoss	hat genossen
geschehen	to happen	geschieht	geschah	ist geschehen
gewinnen	to win	-	gewann	hat gewonnen
gleiten	to glide	-	glitt	ist geglitten
greifen	to grasp	-	griff	hat gegriffen
halten	to hold/stop	hält	hielt	hat gehalten
hängen	to hang	-	hing	hat gehangen
heißen	to be called	-	hieß	hat geheißen
helfen	to help	hilft	half	hat geholfen
kennen	to know	-	kannte	hat gekannt
kommen	to come	-	kam	ist gekommen
können	to be able to	kann	konnte	hat gekonnt
laden	to load	lädt	lud	hat geladen
lassen	to let/leave	lässt	ließ	hat gelassen
laufen	to run, walk	läuft	lief	ist gelaufen
leiden	to suffer	-	litt	hat gelitten
lesen	to read	liest	las	hat gelesen
liegen	to lie	-	lag	hat gelegen
lügen	to tell a lie	-	log	hat gelogen
messen	to measure	misst	maß	hat gemessen
mögen	to like	mag	mochte	hat gemocht
müssen	to have to	muss	musste	hat gemusst

Infinitive	Meaning	3rd ps. sg. present tense (if irregular)	3rd ps. sg. imperfect tense	3rd ps. sg. perfect tense
nehmen	*to take*	nimmt	nahm	hat genommen
nennen	*to name, call*	nennt	nannte	hat genannt
raten	*to advise, guess*	rät	riet	hat geraten
reißen	*to tear*	-	riss	hat gerissen
rufen	*to call*	-	rief	hat gerufen
schaffen	*to create*		schuf	hat geschaffen
scheiden	*to separate*	-	schied	ist/hat geschieden
scheinen	*to seem*	-	schien	hat geschienen
schießen	*to shoot*	-	schoss	hat geschossen
schlafen	*to sleep*	schläft	schlief	hat geschlafen
schlagen	*to hit*	schlägt	schlug	hat geschlagen
schließen	*to close*	-	schloss	hat geschlossen
schmelzen	*to melt*	schmilzt	schmolz	hat/ist geschmolzen
schneiden	*to cut*	-	schnitt	hat geschnitten
schreiben	*to write*	-	schrieb	hat geschrieben
schweigen	*to be silent*	-	schwieg	hat geschwiegen
schwimmen	*to swim*	-	schwamm	ist/hat geschwommen
sehen	*to see*	sieht	sah	hat gesehen
sein	*to be*	ist	war	ist gewesen
sinken	*to sink*	-	sank	ist gesunken
sitzen	*to sit*	-	saß	hat gesessen
sollen	*to ought to*	soll	sollte	hat gesollt
sprechen	*to speak*	spricht	sprach	hat gesprochen
springen	*to jump*	-	sprang	ist/hat gesprungen
stehen	*to stand*	-	stand	hat gestanden
steigen	*to climb*	-	stieg	ist gestiegen
sterben	*to die*	stirbt	starb	ist gestorben
tragen	*to carry*	trägt	trug	hat getragen
treffen	*to meet*	trifft	traf	hat getroffen
treiben	*to push, move*	-	trieb	hat/ist getrieben
treten	*to step, tread, kick*	tritt	trat	hat/ist getreten
trinken	*to drink*	-	trank	hat getrunken
tun	*to do*	-	tat	hat getan
verbringen	*to spend (time)*	-	verbrachte	hat verbracht
vergessen	*to forget*	vergisst	vergaß	hat vergessen
verlieren	*to lose*	-	verlor	hat verloren
vermeiden	*to avoid*	-	vermied	hat vermieden
versprechen	*to promise*	verspricht	versprach	hat versprochen
verstehen	*to understand*	-	verstand	hat verstanden
wachsen	*to grow*	wächst	wuchs	ist gewachsen
waschen	*to wash*	wäscht	wusch	hat gewaschen
wenden	*to turn*	-	wand	hat/ist gewandt
werben	*to advertise*	wirbt	warb	hat geworben
werden	*to become*	wird	wurde	ist geworden
werfen	*to throw*	wirft	warf	hat geworfen
wiegen	*to weigh*	-	wog	hat gewogen
wissen	*to know*	weiß	wusste	hat gewusst
wollen	*to want to*	will	wollte	hat gewollt
ziehen	*to pull, move*	-	zog	hat/ist gezogen
zwingen	*to force*	-	zwang	hat gezwungen

Quick guide to verb tenses

Auxiliary verbs

Present

sein	haben	werden
ich bin	ich habe	ich werde
du bist	du hast	du wirst
er ist	er hat	er wird
wir sind	wir haben	wir werden
ihr seid	ihr habt	ihr werdet
Sie/sie sind	Sie/sie haben	Sie/Sie werden

Imperfect

sein	haben	werden
ich war	ich hatte	ich wurde
du warst	du hattest	du wurdest
er war	er hatte	er wurde
wir waren	wir hatten	wir wurden
ihr wart	ihr hattet	ihr wurdet
sie/Sie waren	sie/Sie hatten	sie/sie wurden

Perfect

sein	haben	werden
ich bin gewesen	ich habe gehabt	ich bin geworden
du bist gewesen	du hast gehabt	du bist geworden
er ist gewesen	er hat gehabt	er ist geworden
wir sind gewesen	wir haben gehabt	wir sind geworden
ihr seid gewesen	ihr habt gehabt	ihr seid geworden
Sie/sie sind gewesen	Sie/sie haben gehabt	Sie/sie sind geworden

Future

sein	haben	werden
ich werde sein	ich werde haben	ich werde werden
du wirst sein	du wirst haben	du wirst werden
er wird sein	er wird haben	er wird werden
wir werden sein	wir werden haben	wir werden werden
ihr werdet sein	ihr werdet haben	ihr werdet werden
Sie/sie werden sein	Sie/sie werden haben	Sie/sie werden werden

Imperfect subjunctive

sein	haben	werden
ich wäre	ich hätte	ich würde
du wärest	du hättest	du würdest
er wäre	er hätte	er würde
wir wären	wir hätten	wir würden
ihr wäret	ihr hättet	ihr würdet
Sie/sie wären	Sie/sie hätten	Sie/sie würden

Weak verb

Present	Imperfect	Perfect	Future
ich mache	ich machte	ich habe gemacht	ich werde machen
du machst	du machtest		
er macht	er machte	**Conditional**	
wir machen	wir machten	ich würde machen	
ihr macht	ihr machtet		
Sie/sie machen	Sie/sie machten		

Strong verb with haben

Present	Imperfect	Perfect	Future
ich trage	ich trug	ich habe getragen	ich werde tragen
du trägst	du trugst		
er trägt	er trug	**Conditional**	
wir tragen	wir trugen	ich würde tragen	
ihr tragt	ihr trugt		
Sie/sie tragen	Sie/sie trugen		

Strong verb with sein

Present	Imperfect	Perfect	Future
ich komme	ich kam	ich bin gekommen	ich werde kommen
du kommst	du kamst		
er kommt	er kam	**Conditional**	
wir kommen	wir kamen	ich würde kommen	
ihr kommt	ihr kamt		
Sie/sie kommen	Sie/sie kamen		

Reflexive verb

Present	Imperfect	Perfect	Future
ich wasche mich	ich wusch mich	ich habe mich gewaschen	ich werde mich waschen
du wäschst dich	du wuschst dich		
er wäscht sich	er wusch sich	**Conditional**	
wir waschen uns	wir wuschen uns	ich würde mich waschen	
ihr wascht euch	ihr wuscht euch		
Sie/sie waschen sich	Sie/sie wuschen sich		

Separable verb

Present	Imperfect	Perfect	Future
ich teile aus	ich teilte aus	ich habe ausgeteilt	ich werde austeilen
du teilst aus	du teiltest aus		
er teilt aus	er teilte aus	**Conditional**	
wir teilen aus	wir teilten aus	ich würde austeilen	
ihr teilt aus	ihr teiltet aus		
Sie/sie teilen aus	Sie/sie teilten aus		